Crescer em Comunhão
CATEQUESE DE INSPIRAÇÃO CATECUMENAL

Livro do catequizando

3

Célio Reginaldo Calikoski
Débora Regina Pupo
Léo Marcelo Plantes Machado
Maria do Carmo Ezequiel Rollemberg
Virginia Feronato

Petrópolis

© 2002, 2014, 2021, Editora Vozes Ltda.
Rua Frei Luís, 100
25689-900 – Petrópolis, RJ
www.vozes.com.br
Brasil
35ª edição, 2022

8ª reimpressão, 2025.

Todos os direitos reservados. Nenhuma parte desta obra poderá ser reproduzida ou transmitida por qualquer forma e/ou quaisquer meios (eletrônico ou mecânico, incluindo fotocópia e gravação) ou arquivada em qualquer sistema ou banco de dados sem permissão escrita da editora.

Imprimatur

Dom José Antonio Peruzzo
Presidente da Comissão Episcopal Pastoral para Animação Bíblico-Catequética – CNBB
Bispo referencial da Animação Bíblico-Catequética no Regional Sul II – CNBB
Arcebispo da Arquidiocese de Curitiba - PR
Agosto de 2021

Conselho editorial

Diretor
Volney J. Berkenbrock

Editores
Aline dos Santos Carneiro
Edrian Josué Pasini
Marilac Loraine Oleniki
Welder Lancieri Marchini

Conselheiros
Elói Dionísio Piva
Francisco Morás
Teobaldo Heidemann
Thiago Alexandre Hayakawa

Secretário executivo
Leonardo A.R.T. dos Santos

Produção editorial

Anna Catharina Miranda
Eric Parrot
Jailson Scota
Marcelo Telles
Mirela de Oliveira
Natália França
Priscilla A.F. Alves
Rafael de Oliveira
Samuel Rezende
Verônica M. Guedes

Projeto gráfico: Ana Maria Oleniki
Diagramação: Ana Paula Bocchino Saukio
Ilustrações: João Paulo de Melo
Revisão gráfica: Francine Porfirio Ortiz
Capa: Ana Maria Oleniki
Revisão teológica: Débora Regina Pupo

ISBN 978-65-571-3233-3

Este livro foi composto e impresso pela Editora Vozes Ltda.

SUMÁRIO

Apresentação, 5

BLOCO 1 — NÓS SOMOS A IGREJA

1. A Igreja nasceu no coração de Jesus Cristo, 8
2. Nós somos o Corpo de Cristo, 13
3. Juntos edificamos a Igreja de Jesus, 18
4. Maria é mãe da Igreja, 23

Celebração: Maria, exemplo de amor, modelo de serviço – Entrega da Ave-Maria, 29

BLOCO 2 — OS SACRAMENTOS SÃO SINAIS DO AMOR DE DEUS

5. Deus nos dá sinais do seu amor, 34
6. O amor de Deus nos chama para sermos cristãos, 39
7. O amor de Deus nos chama para o serviço, 43
8. O amor de Deus nos chama para vivermos melhor, 50
9. **Encontro celebrativo:** Jesus quer nos dar água viva, 54

BLOCO 3 — DEUS É MISERICÓRDIA, É PERDÃO, É AMOR

10. O pecado nos afasta de Deus, 58
11. Deus é perdão, 62
12. Deus é amor, 66
13. **Encontro celebrativo:** Setenta vezes sete, 72

BLOCO 4 — NA COMUNIDADE APRENDEMOS A VIVER O AMOR

14 O amor de Cristo nos uniu!, 76

15 Vamos cuidar da vida, 82

16 Rezemos a uma só voz!, 85

17 Vamos anunciar o Evangelho!, 88

18 Encontro celebrativo: Somos pedras vivas, 92

BLOCO 5 — SACRAMENTOS DA INICIAÇÃO CRISTÃ

19 Batismo, marca de Deus, 97

20 Confirmação, marca do Espírito Santo, 101

21 Eucaristia, marca da união com Jesus, 105

Celebrações

Batismo, mergulho na vida nova em Cristo, 109

Eucaristia, pão que nos une a Cristo e aos irmãos, 113

Jesus, eu te adoro! – Vigília Eucarística com catequizandos e famílias, 116

Queridos catequizandos,
Prezados pais e familiares,
Estimados catequistas,

Mais uma vez foi revisada a *Coleção Crescer em Comunhão*. Ela lhes chega com o desejo de acompanhar o caminho de fé de crianças e adolescentes. As páginas em suas mãos trazem textos portadores de preciosos conteúdos catequéticos, expostos com cuidados didáticos e muita sensibilidade pedagógica.

Os autores trabalharam com muita dedicação, tendo os olhos fixos em vocês, queridos catequizandos. Ao escreverem, mantiveram a atenção e a sensibilidade à idade, aos interesses, às necessidades e à linguagem própria de quem pode crescer na fé mediante a educação para o discipulado na catequese. Mas também vocês, queridos catequistas, foram lembrados, tendo reconhecidos suas experiências e o anseio de fazer ecoar a Palavra de Deus.

A vocês, prezados pais e familiares, recordo que, em catequese, nada é tão decisivo quanto o interesse e a participação da família. O testemunho de fé que os catequizandos encontrarem em casa, assim como o entusiasmo pela formação catequética dos filhos, farão com que eles percebam a grandeza do que lhes é oferecido e ensinado.

Agora, pronta a obra, chegou o momento de apresentá-la aos destinatários. É um bom instrumento. É um recurso seguro aos que se entregam à catequese. Mas a experiência de fé vem de outra fonte. Vem do encontro com Jesus Cristo. Por Ele, vale a pena oferecer o melhor. Com Ele, podemos *Crescer em Comunhão*.

Dom José Antonio Peruzzo
Arcebispo da Arquidiocese de Curitiba – PR
Bispo referencial da Animação Bíblico-Catequética no Regional Sul II – CNBB
Presidente da Comissão Episcopal Pastoral para Animação Bíblico-Catequética – CNBB

NÓS SOMOS A IGREJA

1. A Igreja nasceu no coração de Jesus Cristo

2. Nós somos o Corpo de Cristo

3. Juntos edificamos a Igreja de Jesus

4. Maria é mãe da Igreja

Celebração
Maria, exemplo de amor, modelo de serviço – Entrega da Ave-Maria

1 A IGREJA NASCEU NO CORAÇÃO DE JESUS CRISTO

Jesus sabia que não estaria para sempre entre os homens, mas queria que sua missão continuasse. Então, no coração de Jesus nasceu a nossa Igreja, a comunidade de quem o ama e colabora com o Reino de Deus!

A Igreja nasceu no coração de Jesus; veio da sua vontade de que todos sejam irmãos que se amam, se ajudam e procuram fazer a vontade do Pai como Ele fez.

CRESCER COM A PALAVRA

Jesus escolheu e chamou algumas pessoas para ficarem com Ele (cf. Lc 6,12-16). A esse grupo se juntaram muitas outras pessoas, gente que gostava de ouvi-lo, ficava feliz e se enchia de esperança com o que Ele ensinava para que todos tivessem uma vida melhor.

Vendo o amor de Jesus por todos, essas pessoas aprenderam a se tratar como irmãos, filhos do Pai do Céu, a ajudar quem precisava, a defender quem não tinha direitos e a lutar contra tudo o que fosse injusto. Jesus lhes ensinou algo muito precioso: quem ama procura ajudar as pessoas, e ninguém deve querer ser mais importante do que o outro.

📖 Um dia, Jesus falou sobre a sua Igreja. Acompanhe em sua Bíblia a leitura do que Ele disse: Mt 16,13-18.

1. Jesus conhecia bem os homens e sabia que não seria uma tarefa fácil continuar sua obra no mundo. Por isso Ele deu pistas de como iria ajudar a realizá-la. Vamos descobrir essas pistas de Jesus? Procure os versículos indicados na Bíblia, leia-os e complete os espaços.

Jo 20,21
"Como o Pai me enviou _____."

Jo 17,23
"Eu neles, e tu em mim, _____."

Lc 10,16
"Quem vos escuta, _____."

Mt 28,20
"Eis que estou convosco todos os dias, _____."

2. Agora que você já sabe que Jesus quer que sua Igreja reúna todos os homens como irmãos para que continuem sua obra no mundo, converse com seu grupo sobre esta frase:

NÓS SOMOS A IGREJA, E JESUS CONTA COM CADA UM DE NÓS!

3. Pense sobre o que foi conversado com seu grupo e complete a frase:

JESUS PODE CONTAR COMIGO, PORQUE...

_____
_____
_____
_____

Na Igreja existe uma hierarquia, isto é, uma distribuição ordenada das tarefas para realizar a missão recebida de Jesus: estar a serviço dos fiéis para nunca faltar o que é preciso para permanecermos perto de Deus. A hierarquia da Igreja segue o mandamento do amor que Jesus ensinou!

> "Amai-vos uns aos outros, assim como eu vos amei." (Jo 15,12)

4. Ouça seu catequista e identifique, na ilustração, quem forma a Igreja e ajuda a realizar a vontade de Jesus no mundo. Depois escreva nos espaços, de acordo com as cores da ilustração, quem você identificou.

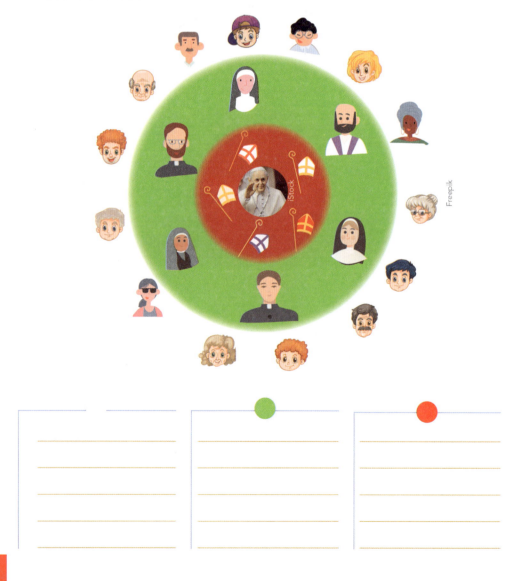

5. Essa Igreja desejada por Deus e nascida no coração de Jesus tem características importantes. Ouça o catequista e depois escreva a característica da Igreja correspondente a cada coluna.

Uma só origem. Um só fundador. Uma só profissão de fé. Um mesmo culto.	Santificada por Cristo. Unida a Cristo como seu Corpo. Recebeu o dom do Espírito Santo.	Universal. Está onde estão os seguidores do Evangelho. Todos em comunhão com o Papa.	Formada a partir dos apóstolos. Conserva e transmite as palavras dos apóstolos. Bispos são sucessores dos apóstolos.

CRESCER NA ORAÇÃO

✶ Vamos rezar por nossa Igreja e por todos os chamados por Deus para dela fazerem parte. Depois de cada prece, diremos juntos:

Todos: *Escuta a nossa oração, Senhor nosso Deus!*

Para que nossa Igreja cresça em todo o mundo e seja sempre imitadora de Jesus, nós te pedimos.

Pelo Papa, sucessor de Pedro, e por todos os bispos e padres, para que anunciem Cristo com alegria, nós te pedimos.

Por todas as pessoas que nos ajudam a crescer na fé, nós te pedimos.

Por todos os fiéis, para que descubram a beleza de ser Igreja e colaborar com Cristo, nós te pedimos.

Pai nosso, que estais nos céus...

CRESCER NO COMPROMISSO

O Papa Francisco disse que cada um de nós tem duas casas: a família e a Igreja. A família é como uma Igreja doméstica, e a Igreja é uma família de famílias.

✶ Converse com seus pais sobre a afirmação do Papa Francisco e juntos escrevam uma oração agradecendo a Deus por suas duas casas: sua família e sua comunidade-Igreja. Escreva a oração que fez com sua família aqui, em seu livro.

NÓS SOMOS O CORPO DE CRISTO

2

Os discípulos anunciavam Jesus Cristo e muitas pessoas aceitavam essa mensagem. A Igreja crescia, formada por pessoas diferentes que reconheciam Jesus Cristo como o Senhor de suas vidas. Cada pessoa tem muitos dons que podem ser usados para ajudar a realizar a vontade de Jesus, e isso é uma grande riqueza da nossa Igreja.

CRESCER COM A PALAVRA

São Paulo comparou a Igreja a um corpo para nos ajudar a compreender o que ela é e como é importante a nossa participação nela.

Leia o que disse São Paulo em: 1Cor 12,12-20.

UNIDADE
Os membros da Igreja estão unidos entre si e unidos à Igreja, e cada um colabora para que ela realize sua missão.

DIVERSIDADE
Para que a Igreja cumpra sua missão são necessários muitos membros para realizar suas ações no mundo.

DEPENDÊNCIA
Os membros da Igreja precisam uns dos outros, cada um atento às necessidades de todos.

1. Cada membro da Igreja é como o membro de um corpo. Após ouvir o catequista responda: O que isso nos ensina?

_____
_____
_____
_____
_____
_____

Existe algo muito bonito nessa comparação feita por São Paulo. Dizer que a Igreja, comunidade dos seguidores de Jesus, é semelhante a um corpo é dizer que ela é viva, se mantém saudável pelo trabalho de cada um de seus membros e cresce, guiada por Jesus, ao encontro de Deus!

2. Agora é com você: O que diria a São Paulo sobre a comparação da Igreja ao corpo de Cristo? Pense, responda e compartilhe com o grupo.

Deus, nosso Pai, chama cada pessoa que acolhe a mensagem de seu Filho Jesus Cristo para trabalhar na Igreja anunciando tudo o que Ele ensinou.

3. Resolva a cruzadinha respondendo às perguntas e complete a frase que mostra o que Deus quer de nós.

1. Necessitar é...
2. Um projeto é um...
3. O que nós somos de nossos pais.
4. O maior sentimento é o...
5. Onde nós vivemos é o...
6. É nosso Pai Todo-Poderoso.

_____ quer _____ de cada um de seus _____ para que seu _____ de _____ aconteça no _____.

Cada membro da Igreja é chamado a descobrir como ajudar os outros segundo o exemplo de Jesus Cristo. Essa ajuda fica visível no trabalho realizado pela Igreja em todo o mundo, para cuidar do povo de Deus.

Todo esse trabalho tem um nome: **Pastoral**. Assim como o pastor leva o seu rebanho a um lugar seguro, a Igreja trabalha de muitas maneiras para levar Jesus para mais perto das pessoas.

4. Você conhece alguém que faça algum trabalho na paróquia? E conhece algum trabalho que a comunidade realiza? Escreva junto à ilustração o nome das pessoas que trabalham em alguma Pastoral da sua comunidade.

Ser cristão é viver unido a Jesus Cristo e sua Igreja. Vivemos unidos a Jesus porque Ele nos ajuda a fazer o bem e nos aproxima do Pai; sem Jesus não podemos fazer nada. E unidos a Jesus, precisamos também viver unidos aos outros cristãos, na Igreja, para crescermos em nossa vida de fé.

CRESCER NO COMPROMISSO

✶ Crie um pequeno cartaz para expor na igreja com uma frase sobre a importância de cada pessoa participar da comunidade. Você pode fazer o cartaz com a ajuda de seus familiares ou de um amigo do grupo. Seja criativo, faça bonito!

✶ Converse com sua família sobre a frase que escreveu, mostrando que entendeu que Jesus quer nossa participação em sua Igreja.

Você é chamado a praticar, durante esta semana, aquilo que colocou em seu cartaz, mostrando seu compromisso com Jesus. Faça bonito também em sua vida!

CRESCER NA ORAÇÃO

Cada um de nós é chamado para ajudar a Igreja a realizar sua missão, e só unidos a Jesus e aos irmãos poderemos fazer isso. Juntos, rezemos:

Pelas pessoas que assumem tarefas na comunidade, obrigado, Jesus.
Pelos dons que recebemos de ti, obrigado, Jesus.
Para descobrirmos nosso papel em tua Igreja, ajuda-nos, Jesus.
A valorizar o trabalho de todos em nossa comunidade,
ensina-nos, Jesus.

Catequista: *Que Jesus nos abençoe e nos faça trabalhadores animados em sua Igreja. Abençoe-nos, Deus misericordioso, em nome do Pai e Filho e Espírito Santo.*

Todos: *Amém.*

3   JUNTOS EDIFICAMOS A IGREJA DE JESUS

A Igreja cresce quando assumimos nosso papel de seguidores de Jesus Cristo e colaboradores do Reino de Deus. E temos uma ajuda muito especial: o Espírito Santo que nos anima em tudo o que fazemos.

CRESCER COM A PALAVRA

Cada pessoa é chamada a participar da Igreja para que ela cumpra sua missão. São Paulo nos ensina a colaborar para que a Igreja cresça no mundo.

📖 Leia o que disse São Paulo a Timóteo: 1Tm 4,11-15.

❗ As atitudes destacadas por São Paulo para ajudar a Igreja a crescer são:

- Conhecer e transmitir a Palavra de Deus.
- Cultivar a oração.
- Dar bons exemplos.
- Ter confiança em Deus.
- Colocar o amor acima de tudo.

1. Seguindo o ensinamento de São Paulo, o que cada um de nós pode fazer para que a Igreja cresça, se fortaleça e se faça cada vez mais presente em todo o mundo?

Quando existe amor entre as pessoas, quando agem movidas por ele, a Igreja cresce e se fortalece. O amor é o que mantém firme tudo o que é feito para colaborar com a Igreja. Sem amor, não adianta conhecer e Palavra de Deus, não existem bons exemplos a serem seguidos e a oração se torna repetição de palavras.

E qual a origem do amor? Deus é a origem do amor, porque Ele é puro amor. E o amor que existe em nós recebemos do Espírito Santo.

A Igreja começou a crescer em Pentecostes (cf. At 2,1-13), com a vinda do **Espírito Santo** prometido por Jesus aos seus discípulos. Em todas as épocas, os seguidores de Jesus, que são os membros da sua Igreja, vivem segundo seus ensinamentos. O mesmo Espírito Santo que deu início à Igreja hoje a mantém viva, para levar adiante a obra que Jesus começou.

Deus é amor, e o Espírito Santo é o amor morando em nós.

2. Faça um resumo de tudo o que foi conversado sobre a Igreja, a nossa participação e a ajuda que recebemos do Espírito Santo. Para isso, complete as frases:

a. O _____ mora em cada pessoa; é Ele que nos ajuda a viver de acordo com os _____, a colaborar para que a _____ cresça sempre mais no mundo, a conversar com Jesus na _____, a reconhecer que o _____ é tão valioso quanto nós.

b. É o Espírito Santo que nos anima a fazer o _____.

c. O Espírito Santo nos mantém _____ uns aos outros e a Jesus, e mantém a _____ unida em todo o mundo.

Deus Pai, seu Filho Jesus Cristo e o Espírito Santo formam uma comunhão perfeita de amor, que é a Santíssima Trindade. O Pai e o Filho enviaram o Espírito Santo a todos os homens e mulheres de todos os tempos, para nos ajudar a sermos bons seguidores de Jesus.

3. Converse com um amigo sobre estas questões e depois partilhe com o grupo:

   a. Como falar com um estrangeiro sem conhecermos sua língua?

   b. E para falar sobre a Palavra de Deus, como podemos fazer?

É o Espírito Santo que dá coragem a homens e mulheres para anunciarem as maravilhas de Deus com uma linguagem que todos entendem: a linguagem do amor. Peçamos ao Espírito Santo que nos inspire a falar a linguagem do amor, dizendo:

> *Vem, Espírito Santo, morar em meu coração e me ensinar a linguagem do amor para que eu anuncie Jesus ao mundo e ajude a Igreja a crescer.*

CRESCER NO COMPROMISSO

✶ Pesquise para conhecer um pouco mais sobre a vida de Timóteo e descobrir como ele se tornou tão importante para a nossa Igreja. Registre o que você descobriu.

- ✸ Depois partilhe com sua família suas descobertas sobre Timóteo e explique que o Espírito Santo ajuda cada cristão a agir como Jesus pede.
- ✸ Mostre que você também entendeu que Deus o chama para ajudar a Igreja a crescer: escreva uma frase sobre como você pode ajudar a Igreja e envie para seus familiares e amigos, inclusive do seu grupo de catequese.

CRESCER NA ORAÇÃO

Jesus prometeu aos seus discípulos a vinda do Espírito Santo e anunciou como Ele agiria em cada pessoa e em sua Igreja. Em nossa oração, vamos pedir que o Santo Espírito de Deus venha agir em nós. Rezemos juntos:

Espírito de Deus, aumenta o nosso amor por ti.

Espírito consolador, vem nos ajudar nas dificuldades e nas tristezas.

Espírito da verdade, cria em nós o desejo de conhecer e viver a Palavra de Deus.

Espírito fonte de bondade, vem nos dar um coração bondoso como o de Jesus.

Espírito vivificador, dá vida nova à Igreja para sempre testemunhar o amor.

Catequista: *Que o Espírito Santo esteja em cada um de nós e em nossas famílias! Vamos em paz! Em nome do Pai e do Filho e do Espírito Santo.*

Todos: *Amém.*

MARIA É MÃE DA IGREJA   4

Desde os primeiros dias da Igreja, Maria está junto aos seguidores de seu Filho Jesus. Nós a reconhecemos como mãe de Jesus, mãe de Deus, mãe de todos nós, mãe da Igreja.

CRESCER COM A PALAVRA

Maria deu seu "sim" a Deus e colaborou para a salvação de todos nós. Tornou-se a mãe do Filho de Deus e ficou ao lado d'Ele em todos os momentos de sua vida.

- No Evangelho segundo João, lemos que Jesus entrega sua mãe a seu discípulo. Ouça o texto que seu catequista irá proclamar: Jo 19,25-27.

1. Leia novamente, em silêncio, o texto.

a. Identifique: onde e quando aconteceu a cena descrita? Quem participa da cena?

_____
_____
_____
_____

b. Fique em silêncio por alguns momentos. Pense na cena de Jesus na cruz e responda: O que Ele quis dizer com as palavras que dirigiu a João e sua mãe Maria?

_____
_____
_____
_____
_____

c. Imagine que você está presente neste momento descrito no texto, ao lado de Maria e de João. Como você se sente? Partilhe com seu grupo esse sentimento.

Maria é a mãe de Jesus Cristo, e a Igreja é o Corpo de Cristo. Então acolhemos Maria como a mãe da Igreja, mãe de cada um de nós, seguidores de seu Filho Jesus.

Jesus disse a João: "Eis aí a tua mãe!". Essas palavras de Jesus são para todos os discípulos d'Ele, de todos os lugares, de todos os tempos.

2. Algumas pessoas são muito parecidas – nos gestos, no rosto, na maneira de falar ou de andar.

   a. Você já ouviu a expressão "É a cara da mãe?". Diga ao grupo o que você pensa que ela significa.

   b. E o que significa dizer que uma pessoa é muito parecida com outra?

   c. Você se acha parecido com alguém da sua família? Com quem? Em que vocês se parecem?

3. Maria é mãe da Igreja e nossa mãe, então em que somos iguais a ela? E ela, em que é igual a nós? E a Igreja, em que é semelhante à Maria? O catequista irá dar algumas pistas para você ver se somos ou não parecidos com Maria, nossa mãezinha. Fique atento às pistas e depois e escreva nos espaços indicados o que se pede.

Em que somos iguais à Maria.

─── Em que Maria é igual a nós. ───

─── Em que a Igreja é semelhante à Maria. ───

4. Somos todos filhos de Maria. Como devemos tratar as pessoas, portanto, para mostrar que somos parecidos com nossa mãezinha? Converse com o grupo, responda e justifique sua resposta.

Maria, nossa mãe, recebe muitos nomes. Cada um de seus nomes mostra uma maneira diferente de amá-la e colocá-la presente em nossas vidas.

5. Que nomes de Maria você conhece? O que sabe sobre cada um?

CRESCER NO COMPROMISSO

O terço é um caminho para nos aproximarmos mais de Jesus. Quando nos lembramos dos acontecimentos da vida d'Ele, nós recordamos Maria, sua mãe, porque não dá para separar a mãe de seu Filho. A cada Ave-Maria convidamos nossa mãezinha a rezar por nós, e ela une sua oração à nossa.

✶ Que tal nesta semana rezar o terço em família, pelo menos em um dia?

✶ Faça um vídeo ou uma foto desse momento em família e compartilhe com todo o grupo.

CRESCER NA ORAÇÃO

O verdadeiro discípulo de Jesus leva Maria para o coração, como fez João quando a recebeu como mãe a partir das palavras do próprio Jesus. Vamos juntos nos consagrarmos à nossa mãe Maria:

Ó minha Senhora e minha Mãe, eu me ofereço todo a vós, e, em prova de minha devoção para convosco, vos consagro neste dia os meus olhos, os meus ouvidos, a minha boca, o meu coração e todo o meu ser. E porque assim sou vosso, ó incomparável Mãe, guardai-me, defendei-me como coisa e propriedade vossa. Amém.

Catequista: *Pela intercessão de Maria, nossa mãe e mãe da Igreja, a bênção de Deus Todo-Poderoso desça sobre vocês, suas famílias e toda a Igreja e permaneça para sempre: Em nome do Pai e do Filho e do Espírito Santo.*

Todos: Amém.

MARIA, EXEMPLO DE AMOR, MODELO DE SERVIÇO
ENTREGA DA AVE-MARIA

CELEBRAÇÃO

ACOLHIDA

Catequista: Sejam bem-vindos, queridos catequizandos, pais e famílias! Comecemos abrindo nossos corações para que Jesus possa nos falar. Em nome do Pai e do Filho e do Espírito Santo.

Todos: Amém.

Catequista: Hoje nos reunimos para celebrar Maria, mãe de Jesus e nossa mãezinha do Céu. Ela é exemplo de fidelidade a Deus e modelo de quem soube se colocar a serviço do outro. Com alegria, vamos acolher a imagem de Nossa Senhora, nossa mãe Maria.

Canto

Catequista: Não podemos falar sobre Jesus sem nos lembrarmos de sua mãe Maria. Em sua casa, em Nazaré, Maria educou e preparou seu Filho para a missão.

Catequizando 1: Jesus é Filho de Deus, mas nasceu como qualquer um de nós. Ele precisou aprender tudo, da mesma maneira que todas as crianças precisam aprender.

Catequista: Jesus aprendeu com Maria e José todas essas coisas que precisamos aprender quando somos pequenos; com eles, Jesus também aprendeu a viver de acordo com a vontade de Deus.

Catequizando 2: Quando Deus quis se fazer homem igual a nós, escolheu Maria para ser a mãe de seu Filho Jesus.

Mãe: Muitas pessoas acreditam que Maria nasceu pronta para assumir seu papel no plano de Deus como mãe do seu Filho. Não foi assim! Maria era uma jovem humilde, que morava em Nazaré, um lugar insignificante, e era ignorada como todas as mulheres do seu tempo. O que Maria tinha de extraordinário? Sua fé verdadeira e sua fidelidade total ao Pai.

Catequista: Mesmo sem compreender bem, Maria disse "sim" a Deus. Ela confiou em Deus e procurou realizar o que Ele pedia todos os dias de sua vida, mesmo enfrentando dificuldades.

Pai: Nos Evangelhos, as passagens em que Maria está presente nos ajudam a entender quem foi esta mulher e o que ela nos ensina com seu jeito de viver a fé.

Canto

PROCLAMAÇÃO DA PALAVRA

Catequista: A Bíblia mostra que Maria foi uma mãe cuidadosa, atenta às necessidades de Jesus e de todas as pessoas. Nas situações difíceis, Maria pedia ajuda a Jesus, cheia de confiança. Em uma festa de casamento, ela mostrou sua atenção e seu cuidado com todos.

Vamos ouvir essa passagem do Evangelho segundo João 2,1-10.

REFLEXÃO SOBRE A PALAVRA

Catequista: Maria e Jesus, como pessoas comuns, tinham amigos e participavam de festas. Nessa vida comum, Maria mostrou sua atenção e seu cuidado com todos. O amor a Deus e aos irmãos, a vontade de servir e a disponibilidade fazem de Maria um exemplo de amor e nosso modelo de serviço. Atenta à vontade de Deus, ela mostrou o que todos nós também podemos fazer: servir, respondendo com amor e dedicação, a cada dia, ao que Deus nos pede e nos oferece. Hoje Maria diz para cada um de nós: "Façam o que Jesus mandar!" (cf. Jo 2,5). O que isso quer dizer? Que precisamos estar sempre perto de Jesus, para conhecer seus ensinamentos e praticar o que Ele quer de nós, como Maria, sua mãe, sempre procurou fazer.

Canto

ENTREGA DA ORAÇÃO DA AVE-MARIA

Catequista: Queridos catequizandos, Maria guiou os passos do Menino Jesus e ensinou a Ele as primeiras palavras e orações; como todas as mães, preocupou-se com Ele e alegrou-se com suas descobertas. Ela é nossa mãe, e quer guiar os nossos passos para amarmos sempre mais seu Filho Jesus. Maria recebeu de Jesus, na cruz, a missão de ser a mãe de todos os que se tornavam seus discípulos. E qual é a mãe que não cuida de seus filhos? Podemos contar sempre com a ajuda de nossa mãe Maria!

Vocês irão receber a oração da Ave-Maria. Com essa oração, aprendemos com Maria a louvar nosso Pai e a amar do jeito que Jesus ama cada um de nós. Rezem sempre a Ave-Maria, como sinal de amor à mãe de Jesus e nossa mãezinha do Céu.

Canto

CONSAGRAÇÃO A NOSSA SENHORA

Catequista: Uma das tradições mais bonitas da nossa Igreja é a consagração a Nossa Senhora: entregar a vida à mãe de Jesus confiando em seu amor maternal. Vamos reafirmar nossa consagração a nossa mãe Maria, pedindo que ela cubra de graças as nossas vidas.

Todos: *Ó minha Senhora e minha Mãe, eu me ofereço todo a vós, e, em prova de minha devoção para convosco, vos consagro neste dia os meus olhos, os meus ouvidos, a minha boca, o meu coração e todo o meu ser. E porque assim sou vosso, ó incomparável Mãe, guardai-me, defendei-me como coisa e propriedade vossa. Amém.*

BÊNÇÃO

Catequista: Deus, que pela bem-aventurada virgem Maria encheu o mundo de alegria, nos faça sentir as riquezas da sua graça.

Todos: Amém.

Catequista: Pelas mãos puras de Maria, desça e permaneça em cada um de nós a bênção de Deus Pai e Filho e Espírito Santo.

Todos: Amém.

Catequista: Vamos em paz, agradecidos e cheios de alegria por termos Maria como nossa mãezinha!

Canto

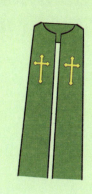

OS SACRAMENTOS SÃO SINAIS DO AMOR DE DEUS

5   Deus nos dá sinais do seu amor

6   O amor de Deus nos chama para sermos cristãos

7   O amor de Deus nos chama para o serviço

8   O amor de Deus nos chama para vivermos melhor

9   **Encontro celebrativo:** Jesus quer nos dar água viva

5 DEUS NOS DÁ SINAIS DO SEU AMOR

Quando queremos nos comunicar com alguém ou mostrar que estamos presentes em sua vida usamos sinais, como o sorriso ou um abraço. Para nos comunicar com Deus ou celebrar nossa fé também usamos sinais, como a oração. Deus, para manifestar seu amor por nós, também quis usar sinais. Os sacramentos são sinais especiais de Deus.

CRESCER COM A PALAVRA

Você já reparou que a vida é cheia de sinais? Para descobrir cada um é preciso ter olhos, ouvidos, mente e coração bem abertos, para podermos percebê-los quando nos são enviados.

Deus usa sinais para se comunicar conosco: para ensinar, para falar sobre seu plano de amor por nós, ou apenas para nos lembrar de que Ele está ao nosso lado.

1. Converse com um amigo e partilhe com o grupo:

   a. Que sinais Deus nos dá?

   _____
   _____
   _____
   _____

   b. E nós, conseguimos ver seus sinais?

   _____
   _____
   _____

⊞ Ouça, acompanhando em sua Bíblia, as palavras de São Paulo em: 1Cor 1,4-9.

Concluída a leitura, beije e encoste sua Bíblia em seu coração: são sinais de amor à Palavra de Deus, amor à presença de Deus entre nós!

São Paulo oferece uma ação de graças, isto é, um louvor em agradecimento a Deus que é sempre fiel. Deus age nas pessoas e dá a cada uma "todas as riquezas da Palavra e do conhecimento", para que fiquem mais fortes e consigam se tornar mais parecidas com Jesus.

2. Leia as palavras que estão na nuvem e responda:

a. Que sinais de Deus você consegue ver? Recorde, com o catequista, as respostas apresentadas antes pelo grupo.

b. Há outros dons que podem ser mencionados? As ideias que surgirem podem ser incluídas na nuvem de palavras.

Todos os gestos, palavras e milagres de Jesus são sinais para enxergarmos a ação de Deus no mundo: Jesus Cristo é sinal do Pai.

c. De quais gestos, palavras e milagres de Jesus você se lembra?

Jesus deixou a Igreja como seu sinal entre os homens. Quando a Igreja anuncia a Palavra, defende os excluídos ou luta por aqueles que não têm voz, ela é sinal de Jesus presente entre os as pessoas.

Entre todos os sinais que a Igreja oferece às pessoas há alguns muito especiais, confiados por Jesus à sua Igreja para serem sinais de sua presença e de sua ação no mundo: os sacramentos. Vamos conhecer quais são eles.

Sacramentos da Iniciação Cristã dão início à nossa vida cristã:

Nascemos para a vida; nascemos para Deus pelo BATISMO.

Crescemos e nos tornamos adultos que participam ativamente da vida da sociedade; nos tornamos adultos em Cristo pela CONFIRMAÇÃO.

Precisamos de alimento para termos boa saúde e forças para viver; o alimento da nossa vida de cristãos é a EUCARISTIA.

Sacramentos da Cura nos ajudam a viver nossa vida cristã:

Os remédios restabelecem a saúde quando estamos doentes ou nos deixam mais fortes; quando nos afastamos de Deus, somos curados pela RECONCILIAÇÃO, e a UNÇÃO DOS ENFERMOS nos fortalece no sofrimento.

Sacramentos do Serviço em favor dos irmãos e do Reino de Deus:

Alguns homens dedicam-se ao serviço da Igreja pelo sacramento da ORDEM, e homens e mulheres servem ao Reino de Deus formando novas famílias cristãs pelo MATRIMÔNIO.

Os sacramentos acompanham toda a nossa vida, expressando o amor de Deus por nós.

3. Identifique na ilustração os sacramentos presentes na vida humana e escreva o nome abaixo do símbolo.

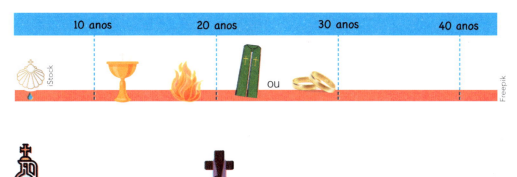

- Sacramentos recebidos uma única vez.
- Sacramentos que podem ser recebidos sempre que a pessoa desejar ou quando necessário.

Os sacramentos são presentes de Jesus para nós, para ficarmos perto de Deus e sentirmos seu amor por nós. E você já entendeu o que acontece quando sentimos o amor de Deus, não é? Nossa vida fica muito mais bonita, vivemos todos como filhos de Deus e irmãos uns dos outros!

CRESCER NO COMPROMISSO

Colaborar para um mundo mais parecido com aquele que Deus quer para nós é ser sinal d'Ele entre as pessoas.

✶ Vamos procurar ser sinal de Deus no mundo e reconhecer em cada pessoa um sinal d'Ele? Faça essa experiência durante esta semana e depois escreva e partilhe no grupo o que fez e o que sentiu.

_____
_____
_____
_____
_____

Um desafio para esta semana: com o material que seu catequista irá oferecer, faça uma pequena escultura representando como você pode colaborar com Deus para termos um mundo mais justo, cheio de paz e pessoas de bem umas com as outras. Use sua imaginação para fazer sua escultura! Aceita o desafio? Não se esqueça de trazer no próximo encontro o que você criou!

CRESCER NA ORAÇÃO

Jesus é sacramento de Deus, sinal de seu amor e de sua presença entre nós. Rezemos:

- *Deus, nosso Pai, quer estar sempre perto de nós. Ele fala conosco de muitas maneiras: pela natureza, pelos acontecimentos, pelas pessoas.*
- *Ele quis se fazer gente como nós, para nós o compreendermos.*
- *E nos enviou seu Filho Jesus, que é a imagem perfeita do Pai.*
- *Quem vê Jesus, é ao Pai que vê; foi isso que Jesus disse.*
- *Ajude-nos, Pai, a reconhecer sua presença junto de nós e a ver em cada pessoa um sinal do seu amor.*

Catequista: A bênção do Pai, o amor do Filho, a força do Espírito Santo e a proteção de nossa mãe Maria estejam com vocês e suas famílias em todo tempo e lugar! Amém.

Nossos gestos mostram o que está em nosso coração. Como sinal da amizade que existe entre nós, vamos formar uma grande roda, de braços dados, e dizer a quem está ao nosso lado: *Jesus quer que você seja um sinal do seu amor no mundo!*

O AMOR DE DEUS NOS CHAMA PARA SERMOS CRISTÃOS

6

Deus nos ama e quer o melhor para nós, não é mesmo? E porque nos ama, Ele também nos ajuda a ter uma vida melhor!

Os **sacramentos da Iniciação Cristã** são a porta de entrada para a nossa vida cristã e o alimento para sermos cada vez mais parecidos com Jesus, ajudando-nos a fazer crescer o Reino de Deus entre nós.

CRESCER COM A PALAVRA

Nossa vida cristã é toda marcada pelos sacramentos. Ela começa a crescer com os sacramentos da Iniciação Cristã.

1. Como você imagina que uma pessoa iniciava sua vida cristã nos primeiros tempos da Igreja? Escreva e partilhe com o grupo.

_____
_____
_____
_____
_____
_____
_____
_____

Acompanhe em sua Bíblia a leitura de At 2,36-42.

As pessoas ficaram surpresas com as palavras de Pedro e perguntaram "o que devemos fazer?" (At 2,37), porque queriam um outro jeito de viver, uma vida melhor. A resposta de Pedro foi um convite: acolher Jesus de verdade, com toda a inteligência e todo o coração; mudar de vida;

receber o Batismo e o dom do Espírito Santo (At 2,38); e participar com a comunidade da fração do pão, isto é, da Eucaristia (At 2,42).

Este era o caminho para quem ouvia e aceitava a Palavra de Jesus; para quem decidia assumir uma vida nova com Ele, animado pelo Espírito Santo.

2. Siga a orientação do catequista para conversar com um amigo sobre essa ilustração. Depois responda:

a. O que ela representa?

_____

_____

b. Você se reconhece na ilustração?

_____

_____

c. Quem são as pessoas que aparecem no corpo de Jesus?

_____

_____

_____

Batismo é o ponto de partida de toda a vida cristã. Pelo Batismo nascemos como filhos de Deus, nos tornamos membros de Cristo, parte da sua Igreja e participantes da sua missão. O Batismo nos dá uma marca que nunca poderá ser apagada: somos cristãos.

Símbolos do Batismo: água, óleo, luz, veste branca.

Confirmação é o sacramento que nos ajuda a assumir nosso compromisso de batizados como colaboradores de Jesus no anúncio do Reino e na obra da Igreja. O Espírito Santo nos fortalece para assumirmos esse compromisso como cristãos.

Símbolos da Confirmação: óleo, imposição das mãos.

Eucaristia é o sacramento pelo qual Jesus vem ao nosso encontro para sermos transformados e parecidos com Ele. A Eucaristia, Corpo e Sangue de Jesus, é o alimento para a nossa vida cristã.

Símbolos da Eucaristia: pão, vinho.

Quando recebemos os sacramentos da Iniciação Cristã, é o próprio Jesus que nos chama para estarmos sempre perto d'Ele, colaborando com sua missão entre as pessoas e participando da Igreja.

Você já reparou que quando alguém está sempre perto de uma pessoa acaba por ficar parecido com ela, repetindo gestos, jeito de ser, palavras?

3. Pense e responda: Você acredita que podemos ser parecidos com Jesus? Como ficamos parecidos com Ele?

CRESCER NO COMPROMISSO

Você está no caminho para ser cristão, e muitas coisas fazem parte desse caminho. Além da participação alegre e ativa nos encontros da catequese, é preciso cultivar: a amizade no grupo, a participação nas missas dominicais, a vivência na comunidade paroquial, o amor à Palavra de Deus, a perseverança na oração, a ajuda às pessoas que precisam; tudo isso é Iniciação Cristã.

★ Qual seu compromisso neste caminho da Iniciação Cristã? Escreva, com suas palavras, o que quer assumir. E acredite: Jesus estará ao seu lado para ajudar você quando se sentir sem vontade ou sem forças!

_____
_____
_____
_____
_____

CRESCER NA ORAÇÃO

Rezemos juntos pedindo a Deus, nosso Pai, que fortaleça cada pessoa que ajuda vocês neste caminho. Após cada prece, juntos, responderemos:

Todos: *Ouve, Senhor, nossa oração!*

Rezemos por nossos padres, de quem recebemos os sacramentos: que sejam firmes em sua vocação e modelos de amor à Igreja.

Rezemos por nossos catequistas, que nos conduzem aos sacramentos e à vivência cristã: que sempre anunciem com alegria a Palavra de Deus.

Rezemos por nossas famílias, que nos guiam à Igreja: que descubram a vontade de colaborar com a obra de Jesus.

Rezemos por nós, catequizandos: que a vontade de participar dos sacramentos, presentes de Jesus para nós, cresça e permaneça em nossos corações.

O AMOR DE DEUS NOS CHAMA PARA O SERVIÇO

7

Deus conta com todas as pessoas para tornar este mundo mais parecido com o que Ele quer para nós. Existem muitas maneiras diferentes de servir a Deus. Os casais e os sacerdotes assumem esse serviço de uma maneira especial, com a graça dos sacramentos do Matrimônio e da Ordem.

CRESCER COM A PALAVRA

Cada um de nós, criança, jovem, adulto ou idoso, é um continuador da obra de Jesus. Ninguém fica de fora: todos podem colaborar com Jesus de alguma maneira.

1. Jesus se alegra com aqueles que querem conhecer mais sobre Ele e ajudar a construir um mundo melhor. Se você quer descobrir como colaborar com Jesus, escreva seu nome.

 Eu, _____, quero descobrir como posso colaborar com Jesus, servindo ao Reino de Deus e aos irmãos.

Jesus quer que todos os seus seguidores se coloquem a serviço dos irmãos. Mas há dois sacramentos que marcam para o serviço na Igreja e na família: são os sacramentos da Ordem e do Matrimônio, chamados de **sacramentos do Serviço**.

Quem recebe o sacramento da Ordem é consagrado para ser pastor da Igreja, em nome de Cristo, isto é, para conduzir, ensinar e guiar as pessoas da comunidade no caminho do Evangelho. Diáconos, padres e bispos são ministros ordenados da nossa Igreja. Eles aceitaram o chamado de Jesus para segui-lo, como os primeiros apóstolos, e fazem na Igreja um serviço especial animando e conduzindo o povo de Deus.

Quem celebra o sacramento do Matrimônio também aceita o chamado de Jesus para segui-lo, mas de um modo diferente: homem e mulher se comprometem a formar uma nova família, casa onde todos crescem na fé e na esperança vivendo o amor.

Celebrar os sacramentos da Ordem e do Matrimônio é uma decisão muito importante na vida das pessoas de fé.

Para nos ajudar a entender como devem ser vividos esses sacramentos na Igreja e na família, vamos conhecer o que disse São Paulo em uma de suas cartas. Leia: Col 3,12-17.

2. Realize as atividades para compreender melhor.

   a. Encontre as palavras de São Paulo no caça-palavras.

X	B	O	N	D	A	D	E	P	X	P	X
Y	R	A	I	V	A	Z	B	X	Q	A	D
T	I	H	Ç	X	U	N	I	Ã	O	C	T
D	G	R	A	T	I	D	Ã	O	D	I	G
P	H	U	M	I	L	D	A	D	E	Ê	V
A	B	R	T	B	R	I	G	A	Q	N	J
Z	B	G	Y	A	M	O	R	G	J	C	L
X	P	E	R	D	Ã	O	B	V	R	I	Ç
B	N	I	J	K	I	N	V	E	J	A	Q

b. O que pensa sobre essas atitudes na vida em família e na comunidade? Dentre as atitudes que você encontrou no caça-palavras, destaque aquela que você acha mais importante para a convivência entre as pessoas.

3. Observe as ilustrações e responda:

  a. O que elas mostram?

  b. Como estão relacionadas às palavras de São Paulo que você leu?

  c. No espaço abaixo de cada par de cenas, escreva o que elas têm em comum e que deve ser sinal do serviço do sacerdote e do casal.

_____
_____
_____
_____
_____
_____
_____

4. Pense e converse sobre a afirmação de Jesus: "Eu vim para servir, não para ser servido" (cf. Mt 20,28).

a. Responda: Como Jesus serviu?

_____
_____
_____
_____

O sacerdote age como Jesus, ensinando e conduzindo as pessoas. É com os sacerdotes que a missão confiada por Jesus aos seus apóstolos continua a acontecer na Igreja.

Pelo sacramento da Ordem, Jesus dá ao sacerdote o poder de realizar algumas funções: celebrar a Santa Missa, conforme ordenou Jesus aos seus apóstolos na Última Ceia ("Fazei isso em memória de mim"); perdoar os pecados; levar o sacramento da Unção dos Enfermos às pessoas doentes ou aos mais idosos.

47

5. Faça um desenho dos objetos relacionados ao sacramento da Ordem.

Pelo sacramento do Matrimônio, os noivos se consagram um ao outro e prometem fidelidade e cuidado. Homem e mulher são unidos pelo compromisso de amar. Quando unidos pelo matrimônio, são sinais do amor de Deus por seu povo e do amor de Jesus por sua Igreja.

6. Faça um desenho de um par de alianças e escreva, ao lado, o que elas significam.

CRESCER NA ORAÇÃO

Jesus não queria que seu povo ficasse sem alguém que pudesse ajudá-lo a viver segundo o Evangelho e a recordar seus ensinamentos. Um dia, Ele disse que deveríamos pedir ao Pai que enviasse pessoas para orientar e conduzir seu povo. Vamos pedir a Deus para que haja mais sacerdotes em nossas comunidades e em todo o mundo. Juntos rezemos:

Pai nosso...
Ave Maria...

CRESCER NO COMPROMISSO

★ O que você gostaria de dizer ao padre da sua comunidade? Escreva um cartão bem sincero para ele: agradeça, elogie, pergunte, reclame. No próximo encontro, entregue o cartão ao seu catequista, que levará para o padre.

★ Peça a seus pais e avós que contem como começou a história da sua família: como se conheceram, como foi o namoro, por que decidiram ficar juntos, como foi o casamento. Peça para ver fotos ou objetos relacionados a como se formou a sua família – é sua história, sua origem! Depois dessa conversa, agradeça a Deus por sua família!

★ Escreva em uma folha de papel as palavras que você encontrou no caça-palavras que considera importantes para a vida em família e na comunidade, depois a deixe bem visível em seu quarto. Sempre que olhar para essas palavras, elas irão ajudar você a se colocar como quem serve, seguindo o exemplo de Jesus! Escolha uma das atitudes e procure praticá-la durante a semana com sua família, seus amigos e comunidade.

8 — O AMOR DE DEUS NOS CHAMA PARA VIVERMOS MELHOR

Quando sentimos dor ou estamos tristes, queremos estar junto daqueles que mais nos amam: nossa mãe, nosso pai, nossa avó, um amigo. Como querem o melhor para nós, essas pessoas procuram nos ajudar a ficar bem.

Deus, nosso Pai, é Deus da vida. Ele se preocupa conosco e se mantém ao nosso lado quando estamos mais fracos. Por isso Jesus deixou à sua Igreja os sacramentos da Cura.

CRESCER COM A PALAVRA

São dois os sacramentos da Cura: Reconciliação e Unção dos Enfermos. Esses dois sacramentos mostram o amor de Jesus a cada pessoa.

📕 Ouça o que São Tiago diz a quem sofre ou está doente: Tg 5,13-15.

1. No texto bíblico encontramos dois grupos de palavras que se complementam. Complete as afirmações com as palavras encontradas no texto bíblico:

| SOFRIMENTO – DOENÇA – PECADO | UNÇÃO – ORAÇÃO – IGREJA, ÓLEO – PERDÃO – SACERDOTE – SENHOR |

Quando sofremos, a _____ ajuda a aliviar nosso sofrimento.

Quando temos uma _____ grave, pedimos a presença de um _____ da Igreja.

Quando somos ungidos com _____ abençoado, recebemos a força do Senhor para enfrentar o _____ ou o _____.

Quando pecamos, o _____ está sempre pronto para nos dar seu _____.

Os sacramentos da Cura mostram o cuidado de Jesus por nós. Deus vem até nós quando estamos machucados e, como somos seus filhos amados, Ele tem um jeito amoroso de se debruçar sobre nós e nos curar.

2. Observe a ilustração, converse com um amigo e responda:

  a. Como a cena representada está relacionada aos sacramentos da Cura?

  _____
  _____
  _____
  _____

b. Quem as pessoas que aparecem na ilustração representam?

_____

_____

_____

Quando escolhemos fazer o que não agrada a Deus, nós nos afastamos d'Ele. Mas Ele tem um jeito amoroso de vir até nós para curar nossas faltas, porque Deus quer cada filho bem perto d'Ele! Por isso Jesus nos deu o sacramento da Reconciliação: para sempre ficarmos perto do Pai. Quando celebramos a Reconciliação, o sacerdote nos dá o perdão das nossas faltas.

Para uma pessoa doente ou um idoso, a família e os amigos são importantes. Jesus se preocupava com os doentes, e a Igreja segue seu exemplo: no sacramento da Unção dos Enfermos, o amor de Jesus dá esperança e consolo aos doentes e idosos. Quando celebramos esse sacramento, o sacerdote nos dá a unção com o óleo dos enfermos e faz uma oração, pedindo força para suportarmos doenças ou dificuldades.

Quando erguemos nossas mãos aos céus, mostramos a confiança de que Deus acolhe nossos pedidos.

3. Escreva nas mãos desenhadas os nomes de pessoas conhecidas ou de sua família que estão doentes ou são idosas. Depois faça uma prece por elas.

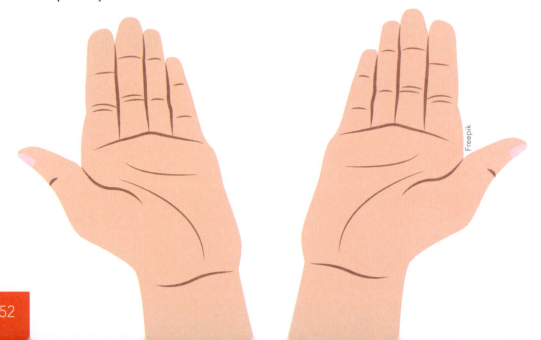

CRESCER NO COMPROMISSO

Estar com os idosos é uma maneira de dizer que não estão sozinhos e que nós nos preocupamos com eles. Este será seu compromisso: visitar ou telefonar para um idoso da sua família ou conhecido, para mostrar seu carinho e transmitir amor e alegria.

✶ Prepare uma pequena lembrança para dar ao idoso quando puder vê-lo: um desenho, uma mensagem ou um pequeno presente.

CRESCER NA ORAÇÃO

Rezemos juntos:

Todos: *Jesus, nós confiamos em ti. Quando estamos tristes ou com medo, ou quando ficamos doentes, tu estás ao nosso lado para nos ajudar a ficarmos bem. Fica sempre conosco, Jesus, porque ao teu lado somos mais fortes!*

Catequista: *Pelo sinal da santa cruz, Jesus, que aliviou os sofrimentos e curou os doentes, afaste de cada um de vocês todas as enfermidades e todo o mal. Em nome do Pai e do Filho e do Espírito Santo. Amém.*

9 ENCONTRO CELEBRATIVO
JESUS QUER NOS DAR ÁGUA VIVA

ACOLHIDA

Catequista: Queridos catequizandos, alegres por estarmos reunidos, iniciemos: Em nome do Pai e do Filho e do Espírito Santo.

Todos: Amém.

Catequista: "Sou feliz!", é o que Deus quer ouvir de nós, por isso Ele nunca nos abandona. Por querer tanto estar perto de nós, Ele enviou seu Filho Jesus para ficar ao nosso lado e falar sobre o tamanho do seu amor por cada pessoa. Jesus se preocupava com as pessoas e ficava triste quando elas se afastavam do Pai. Ele procurava quem precisava se encontrar com o Pai. E podemos ter certeza: quando ficamos com Jesus, estamos perto da felicidade que nosso Pai do Céu quer para nós!

PROCLAMAÇÃO DA PALAVRA

Catequista: Um dia, Jesus encontrou uma mulher que tinha ido pegar água em um poço. Jesus conversou com ela, pediu água e falou sobre a "água viva" que tira a sede para sempre.

Vamos ouvir como foi esse encontro de Jesus com uma mulher samaritana, conforme São João apresenta em seu Evangelho: Jo 4,5-26.

Canto de aclamação

REFLEXÃO SOBRE A PALAVRA

Catequista: A mulher tinha ido ao poço buscar água; Jesus se encontrou com ela, como Deus que vem ao nosso encontro para nos envolver com seu amor.

Catequizando 1: A mulher ouviu Jesus e se deu conta de que poderia matar a sede com as coisas que tinha, mas logo teria sede novamente.

Catequista: Sentado junto ao poço, Jesus ofereceu à mulher uma "água viva", capaz de matar definitivamente sua sede. Jesus é o novo poço, tem uma água que acaba a sede de vida, de felicidade, de amor.

Catequizando 2: A mulher, no início da conversa com Jesus, parecia confusa; queria mudar sua vida, queria ser feliz, mas não sabia como fazer isso.

Catequista: Jesus falou sobre algo novo; Ele oferecia uma proposta de vida nova. A mulher respondeu abandonando o cântaro, que se tornou inútil, e correndo para anunciar aos habitantes da sua cidade seu encontro com Jesus. Em silêncio, imagine que está sentado perto do poço de Jacó, ouvindo a voz de Jesus que fala com a mulher samaritana. Peça a Jesus essa "água viva".

Canto

Catequista: Deus quer se encontrar com cada um de nós; um encontro que acontece por meio de Jesus, como o encontro da mulher samaritana. Jesus se oferece para transformar a nossa vida, para ajudar a abandonar o que não vai nos dar felicidade. A "água viva" que Jesus quer nos dar é sua presença em nós, transformando-nos para ficarmos mais perto de Deus.

BÊNÇÃO FINAL

Catequista: Queridos catequizandos, vamos em paz. Que Deus nos abençoe: Em nome do Pai e do Filho e do Espírito Santo.

Todos: Amém.

Catequista: Louvado seja Nosso Senhor Jesus Cristo!

Todos: Para sempre seja louvado!

Canto

DEUS É MISERICÓRDIA, É PERDÃO, É AMOR

10   O pecado nos afasta de Deus

11   Deus é perdão

12   Deus é amor

13   **Encontro celebrativo:** Setenta vezes sete

10 — O PECADO NOS AFASTA DE DEUS

Deus, que tanto nos ama e quer todos felizes, criou o mundo e as maravilhas que nele existem para nós.

Porém nem sempre nós aceitamos o plano de Deus para as nossas vidas. Mas Deus, que é amor infinito, nunca nos abandona!

CRESCER COM A PALAVRA

Deus quer um mundo onde todas as pessoas sejam felizes e vivam como irmãos: o Reino de Deus. Jesus sempre fazia questão de mostrar que isso é possível, se cada um se esforçar para realizar a vontade do Pai.

1. O que você pensa sobre as situações que não estão de acordo com a vontade de Deus? Partilhe com seus amigos.

Deus nos ensina o que é bom. Sofrimento, miséria, fome, violência, nada disso é da sua vontade. É o ser humano que, pensando que sabe e pode tudo, faz diferente daquilo que Deus ensina.

No primeiro livro da Bíblia lemos que homem e mulher eram felizes, viviam muito perto de Deus e em harmonia com toda a criação. Mas quando eles foram tentados, escolheram desobedecer ao plano de amor de Deus.

📕 Vamos ler o que a Bíblia nos diz sobre a desobediência do ser humano: Gn 3,1-13.

"Deus escolheu assim, e viu que era muito bom."

Somos livres para escolher o que queremos para as nossas vidas. Mas precisamos também ser responsáveis por nossas escolhas. No texto bíblico, Adão e Eva fizeram uma escolha errada, e a consequência foi seu afastamento do convívio de Deus.

Muitas vezes não colocamos Deus em primeiro lugar na vida, não amamos os outros como irmãos nem queremos saber da Igreja. Como filhos de Deus, se essa for a nossa escolha, é porque ainda não entendemos a sua proposta de amor para nós.

Essa escolha ruim é o pecado, que significa escolher não fazer a vontade de Deus em pensamentos, em palavras, em ações e até quando nada fazemos nem dizemos. O pecado torna tudo mais difícil para nós, para aqueles com quem convivemos e para quem nós atingimos com nossas escolhas. E então a tristeza e o sofrimento vêm para nós, para os outros e, inclusive, para Deus, porque nos afastamos d'Ele.

Você saberia reconhecer o que é o mais importante? O amor de Deus por cada um de nós! O amor de Deus é bem maior do que os nossos pecados!

2. Vamos fazer uma dramatização? Em grupo, com seus colegas, escolha uma das palavras sugeridas e apresente uma situação de duas maneiras: uma em que existe o pecado e outra na qual o pecado foi eliminado.

Viu como nossas escolhas são importantes? São elas que definem o caminho que seguimos na vida!

Jesus sempre foi bondoso com aqueles que erravam e queriam se deixar transformar. Ele olhava para a pessoa, não para a sua falta, e a libertava do pecado que machucava e causava tristeza.

Como Jesus nos ajuda a nos afastarmos do pecado?

Jesus nos ensina: a fazer tudo em favor da vida e da felicidade para todos.

Jesus nos ajuda: a não deixar que nossas fraquezas nos dominem.

Jesus nos orienta: a procurar evitar o pecado.

Um **pecado grave** contraria os mandamentos, é ruim para quem o pratica e para as demais pessoas; mesmo sabendo que é uma falta grave, essa é uma escolha que fazemos livremente. Pelo sacramento da Reconciliação, nós nos libertamos desse pecado.

Um pecado menos grave – chamado de **pecado venial** – é aquele cometido sem intenção de contrariar os mandamentos, sem saber que é uma falta ou sem poder escolher. Ele é apagado no ato penitencial da missa, com o exame de consciência e gestos de penitência.

CRESCER NA ORAÇÃO

Vamos pedir a Jesus que nos ajude a não cair nas tentações do pecado e a procurar corrigir as nossas faltas.

Após cada prece, nossa resposta será:

Todos: *Ouve nosso pedido, Jesus!*

Catequizando 1: *Para termos a graça de não pecar e permanecer em teu amor.*

Catequizando 2: *Para sabermos ouvir e seguir teus ensinamentos.*

Catequizando 3: *Para sabermos ajudar as pessoas a viverem o teu Evangelho.*

Catequizando 4: *Para sabermos acolher e praticar a tua Palavra.*

CRESCER NO COMPROMISSO

Nossa família é o melhor lugar para vivermos como irmãos, e esta é a vontade de Deus para todas as pessoas.

★ Converse com sua família sobre o que aprendeu no encontro e sugira um compromisso entre todos: cada um irá ajudar o outro a viver como irmãos e permanecer perto de Deus, vivendo de acordo com seu plano de amor para nós.

11 DEUS É PERDÃO

Jesus nos ensinou que Deus está sempre pronto para esquecer nossas faltas e nos acolher quando reconhecemos nosso erro e nos arrependemos. Ele ensinou também que é importante pedir perdão quando ofendemos alguém e perdoar quem nos ofende com seu erro.

CRESCER COM A PALAVRA

1. Para você, o que representa um abraço? Complete a frase escrevendo o que você pensa sobre um abraço.

ABRAÇO é... _____
_____
_____

Deus faz tanta coisa boa que deveríamos mostrar que reconhecemos seu amor por nós e somos agradecidos, não é? Acontece que, muitas vezes, não é isso o que mostramos. Causamos dor ou injustiça, sofremos e nos afastamos do Pai. Mas Deus nos ama e sempre quer o melhor para nós. Por isso Ele vem nos ajudar a consertar as consequências dos nossos erros, para continuarmos ao seu lado.

Jesus contou uma parábola para nos falar sobre a misericórdia de Deus e sua vontade de nos perdoar sempre. É a parábola do Pai Bondoso, um dos textos mais bonitos da Bíblia. É uma história de amor, perdão e recomeço.

Vamos ler a parábola do Pai Bondoso em Lc 15,11-32.

Às vezes vemos as coisas de maneira diferente, achamos que são mais interessantes do que realmente são. E logo arrumamos justificativas para não vermos o que isso pode causar. Foi o que aconteceu na parábola que Jesus contou.

2. Vamos encontrar a história do filho mais novo no caminho do labirinto?

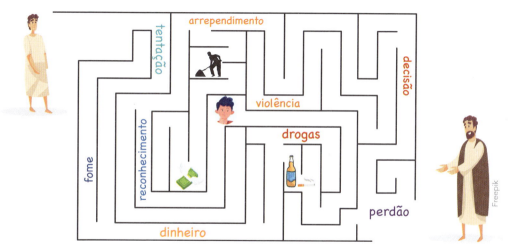

3. Ouça os comentários que o catequista fará sobre o texto bíblico e responda:

a. Quem os personagens da parábola representam?

_____

_____

_____

b. O que você aprendeu com a parábola do Pai Bondoso?

_____

_____

_____

_____

Pedir perdão, reconhecer um erro, ser grato e sentir-se amado fazem parte da vida de todos nós e nos ajudam a ser pessoas melhores.

4. Olhe para a ilustração e imagine que é você quem está sendo abraçado. Escreva o que você gostaria de dizer a quem o abraça.

_____
_____
_____
_____
_____
_____
_____
_____

Jesus nos deu dois grandes ensinamentos com a parábola do Pai Bondoso: o amor de Deus vem ao nosso encontro quando erramos e cometemos um pecado, porque Ele nunca nos abandona e sempre nos perdoa; e a misericórdia de Deus chega a nós por meio de pessoas que nos fazem sentir o seu amor e perdão.

Misericórdia é a atitude de se colocar no lugar de alguém, sentindo também sua dor e seu sofrimento.

Perdoar é não guardar ressentimento da pessoa que nos causou algum mal.

5. Em um instante em silêncio, pense nas pessoas com quem você convive. Em quem você mais sente a misericórdia, o amor e o perdão de Deus em sua vida? Escreva quem é essa pessoa e por que ela o ajuda a sentir o amor de Deus por você.

_____
_____
_____

6. Escreva, de acordo com a parábola do Pai Bondoso, as atitudes do filho mais novo, do pai e do filho mais velho relacionadas a cada uma das frases.

Só age assim quem confia muito no amor do pai! _____

Só age assim quem tem amor infinito por seu filho! _____

Só age assim quem não aprendeu a não julgar o irmão! _____

CRESCER NO COMPROMISSO

Perdoar e pedir perdão são atitudes importantes em nossas vidas. Sempre podemos pedir perdão a quem ofendemos ou magoamos com nossas palavras, atitudes ou até mesmo com nosso silêncio ou falta de ação.

★ Que tal comprometer-se a pedir perdão a quem você magoou? Escreva as palavras que não podem faltar no seu pedido de perdão.

_____
_____
_____
_____
_____
_____

CRESCER NA ORAÇÃO

Peçamos o olhar misericordioso do Pai sobre cada um de nós:

> *Deus Pai de misericórdia, quero ser capaz de amar, acolher e ajudar meu irmão a reencontrar o caminho para estar ao vosso lado. Criai em mim um coração puro para sempre vos buscar e olhar o mundo com o vosso olhar misericordioso. Amém.*

12 DEUS É AMOR

Jesus nos deu o Batismo, por meio do qual nos tornamos membros da sua Igreja, e nos deixou sua presença na Eucaristia. Ele também nos deu a chance de experimentar o amor de Deus e receber seu perdão no sacramento da Reconciliação.

CRESCER COM A PALAVRA

1. Observe a ilustração e partilhe com seu grupo:

   a. O que você pensa sobre as frases nos balões?

   b. Se essas palavras fossem ditas sobre você, como se sentiria?

Jesus sempre se aproximava dos pecadores para que eles experimentassem o amor do Pai, abandonassem o pecado e mudassem de vida. Na Bíblia encontramos vários exemplos de pessoas pecadoras que foram acolhidas por Jesus.

Zaqueu foi um pecador que se encontrou com Jesus. Era um homem rico que enganava as pessoas.

📖 Leia como São Lucas conta o encontro de Zaqueu com Jesus: Lc 19,1-10.

2. A ilustração mostra a experiência de Zaqueu. Para cada imagem, indique o versículo correspondente no texto bíblico.

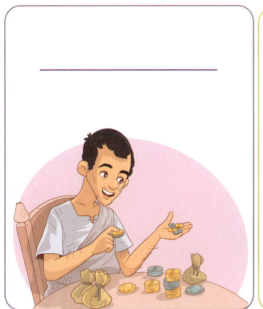

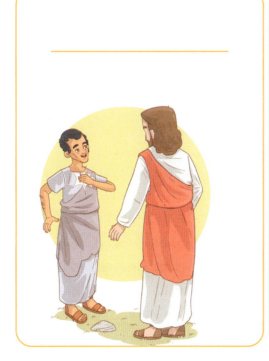

O encontro de Zaqueu com Jesus nos ajuda a compreender o que é mudar de vida e o que o perdão de Deus faz em nós. Vejamos o que aconteceu com ele.

Z
A
Q
U
E
U

- Encontra-se com Jesus e percebe como tem sido sua vida e os erros cometidos.
- Reconhece que não tem vivido de acordo com o plano de Deus.
- Mostra-se arrependido dos seus pecados.
- Recebe o perdão de Jesus.
- Procura consertar o mal que havia causado às pessoas.

3. São Lucas não disse o que Jesus e Zaqueu conversaram. Como você imagina essa conversa?

Jesus disse aos apóstolos: "A quem perdoardes, os pecados serão perdoados" (Jo 20,23). Foi como se Ele dissesse: "Eu envio vocês para dar o meu perdão, como eu fiz com todos os pecadores que encontrei".

No sacramento da Reconciliação nós encontramos esse perdão prometido por Jesus. É um encontro pessoal com Ele – assim como o encontro de Zaqueu. Quando celebramos esse sacramento, Jesus fica feliz e diz para nós como disse a Zaqueu: "Hoje entraram o perdão e a paz em seu coração!".

❓ Como celebramos o sacramento da Reconciliação?

4. Numere a coluna à direita de acordo com a coluna à esquerda para descobrir os passos do sacramento da Reconciliação.

(1) Exame de consciência
(2) Arrependimento
(3) Propósito
(4) Confissão
(5) Penitência ou satisfação

◯ Depois de reconhecermos que pecamos, o arrependimento sincero significa que nos importamos de ter cometido o pecado que nos afastou de Deus e dos irmãos.

◯ Olhamos para a nossa vida com atenção para descobrir o que nos afastou do amor de Deus e dos irmãos.

◯ Cumprimos o que o sacerdote nos propõe: uma oração ou um gesto concreto que mostra que queremos consertar o mal que causamos.

◯ Prometemos a Deus nosso esforço para viver longe do pecado, confiantes em seu amor e em sua ajuda.

◯ Contamos ao sacerdote as nossas faltas, e ele, em nome de Cristo e da Igreja, nos dá o perdão. Diante do sacerdote:

- Dizemos nossos pecados com simplicidade, sem justificar nem explicar.
- Escutamos com atenção as orientações e a penitência que o padre nos dá.
- Dizemos o ato de contrição: *Meu Deus, eu me arrependo de todo o coração por vos ter ofendido, porque sois bom e amável. Prometo, com vossa graça, nunca mais pecar.*
- Acolhemos o perdão do sacerdote, que irá traçar uma cruz sobre nós enquanto diz: "Eu te absolvo dos teus pecados, em nome do Pai e do Filho e do Espírito Santo".

O Papa Francisco, sobre o sacramento da Reconciliação, falou que não é como ir a uma lavanderia para remover uma mancha da nossa roupa. Ele disse que por meio deste sacramento vamos receber o abraço de amor de Deus, que está sempre à nossa espera para nos acolher e perdoar.

5. Escolha uma pessoa acostumada a buscar o sacramento da Reconciliação e faça uma entrevista sobre como ela se sente em relação a esse sacramento. Anote sua pergunta e a resposta que receber.

Entrevistado(a):

Pergunta:

Resposta:

O que eu penso sobre essa resposta:

CRESCER NO COMPROMISSO

Quando fazemos o exame de consciência, nós descobrimos o que precisamos melhorar em nossas atitudes. Isso nos ajuda a não repetir nossas faltas.

✶ Durante esta semana, antes de dormir, faça seu exame de consciência: procure se lembrar do que fez e do que disse ao longo do dia para identificar o que pode ter ofendido a Deus, a outra pessoa, a você mesmo ou à natureza. Lembre-se de que reconhecer quando erramos é o primeiro passo para sempre estarmos bem perto de Deus!

CRESCER NA ORAÇÃO

Vamos pedir a misericórdia de Deus. Nossa resposta será:

> **Todos:** *Senhor, vem com a tua misericórdia.*
> *Quando formos egoístas.*
> *Quando ficar difícil fugir das tentações.*
> *Quando não quisermos perdoar.*

ENCONTRO CELEBRATIVO
13 SETENTA VEZES SETE

ACOLHIDA

Canto

Catequista: Catequizandos queridos, somos cristãos, filhos de Deus Pai, irmãos de Jesus Cristo, animados pelo Espírito Santo. Por isso estamos aqui reunidos, em nome do Pai e do Filho e do Espírito Santo.

Todos: Amém.

Catequista: Deus se preocupa tanto com cada filho que nunca se cansa de buscar chances para mostrar seu amor. É porque somos muito preciosos para Ele e, mesmo quando erramos, continuamos sendo.

Catequizando: Jesus ensinou que Deus está sempre disposto a perdoar qualquer erro nosso, mesmo que seja um erro muito grande.

Todos: Porque Deus é misericórdia e perdoa sempre!

PROCLAMAÇÃO DA PALAVRA

Catequista: Pedir perdão e perdoar são atitudes importantes em nossa relação com Deus e com as outras pessoas. Jesus até contou uma história para nos fazer pensar sobre o perdão: a parábola do Servo Cruel. Vamos ouvir!

Canto de aclamação ao Evangelho

Catequizando: Proclamação do Evangelho de Jesus Cristo segundo Mateus 18,21-35.

REFLEXÃO SOBRE A PALAVRA

Catequista: Para Pedro, parecia ser o máximo perdoar sete vezes uma mesma pessoa. Mas Jesus respondeu que devemos perdoar "setenta vezes sete vezes". Quem seria capaz de contar tanto assim?

Jesus respondeu desse jeito para mostrar que o perdão não é para ser contado, porque é coisa do coração, e não matemática! Setenta vezes sete significa perdoar quando for necessário, infinitas vezes, sempre.

Jesus comparou a atitude do rei ao perdão de Deus, e isso nos faz pensar que, muitas vezes, agimos como o servo que só quer o perdão de Deus. Este é o ensinamento de Jesus: se queremos o perdão, devemos estar dispostos a perdoar.

PERDOAR E SER PERDOADO

Catequista: Ser perdoado e saber perdoar fazem parte da vida de quem entendeu a mensagem de Jesus. Em silêncio, fechando nossos olhos, vamos nos voltar para Deus e ouvir o que Ele quer nos dizer.

Catequista: A água limpa purifica, nos faz bem. Como sinal da nossa vontade de ter o coração limpo, perdoando e sendo perdoado, vamos fazer com a água uma cruz em nossa testa.

Canto

Catequista: Na oração do Pai-nosso, Jesus colocou juntos o perdão que pedimos a Deus e o perdão que oferecemos aos irmãos. De mãos dadas, rezemos a oração que o Senhor nos ensinou.

Todos: *Pai nosso, que estais nos céus...*

BÊNÇÃO FINAL

Catequista: Que o Senhor Jesus esteja conosco para nos proteger; à nossa frente para nos conduzir, acima de nós para nos iluminar, atrás de nós para nos guardar, ao nosso lado para nos acompanhar.

Todos: Amém.

Catequista: Abençoe-nos, Deus, rico em misericórdia: Em nome do Pai e do Filho e do Espírito Santo.

Todos: Amém!

Canto

74

NA COMUNIDADE APRENDEMOS A VIVER O AMOR

14 O amor de Cristo nos uniu!

15 Vamos cuidar da vida

16 Rezemos a uma só voz!

17 Vamos anunciar o Evangelho!

18 **Encontro celebrativo:** Somos pedras vivas

14 — O AMOR DE CRISTO NOS UNIU!

É tão bom quando nos reunimos em família ou com os amigos, com bons motivos para comemorar ou apenas pela alegria de ficarmos juntos! Em nossa vida de fé também temos muito para celebrar, por isso nos reunimos em comunidade.

CRESCER COM A PALAVRA

Celebrar é uma maneira de dizermos que um acontecimento ou alguém é muito importante para nós, e não queremos que seja esquecido.

Jesus gostava de estar com os amigos. Você se lembra de algum momento em que Ele se reuniu para celebrar?

Houve um momento muito especial no qual Jesus chamou seus discípulos para celebrarem juntos, em uma refeição.

Acompanhe em sua Bíblia a leitura que seu catequista irá fazer: Lc 22,7-20.

A mesa da refeição une as pessoas que partilham o alimento e a vida.

1. Vamos parar um momento para agradecer a Jesus.

- Coloque seus braços nos ombros de quem está ao seu lado, formando uma roda com um grande abraço coletivo.

 Jesus também está nesse abraço; Ele está no meio de nós e nos reúne! E quando nos aproximamos d'Ele, nós nos aproximamos também uns dos outros. Assim é nossa vida cristã: é o amor de Cristo que nos une!

- Vamos agradecer a Jesus dizendo juntos: *Obrigado por seu amor por nós, Jesus!*

As primeiras comunidades cristãs faziam o que Jesus disse: as pessoas se reuniam no primeiro dia da semana, dia do Senhor, e proclamavam a Palavra de Deus, rezavam, ouviam explicações sobre os ensinamentos de Jesus, partiam o pão em memória da Ceia do Senhor, partilhavam o que tinham e, ao final, faziam uma refeição com o que haviam trazido de casa. Desde aquela época, a Igreja nunca deixou de celebrar, obedecendo a Jesus!

Nossa comunidade também se reúne como uma grande família a cada semana, um encontro de pessoas que amam Jesus e se amam. Assim como as primeiras comunidades, temos uma certeza: Jesus está vivo e presente entre nós.

E o que acontece quando pessoas que se amam se encontram? É uma festa, porque esses encontros e essas pessoas são importantes para todos! Isso é uma **celebração**!

Como as primeiras comunidades celebravam? E hoje, o que fazemos na celebração em nossa comunidade?

2. Relacione as ações semelhantes nas **primeiras comunidades** e em **nossa comunidade** às ações da **festa em família**, numerando-as de acordo com a coluna do meio.

Primeiras comunidades	Festa em família	Nossa comunidade
◯ Proclamação da Palavra	① Lembrar o que viveram juntos	◯ Proclamação da Palavra
◯ Orações	② Falar e ouvir	◯ Orações
◯ Explicação sobre os ensinamentos de Jesus	③ Comer e beber	◯ Explicação sobre os ensinamentos de Jesus
◯ Memória da Ceia do Senhor	④ Oferta do que trazem	◯ Memória da Ceia do Senhor
◯ Partilha do que possuíam	⑤ Em um dia importante	◯ Partilha do que possuíam
◯ Na casa da família	⑥ Em um lugar escolhido para a festa	◯ Na casa da família
◯ No dia do Senhor		◯ No dia do Senhor

O amor de Deus e a entrega de Jesus por nós são tão importantes em nossa vida que não queremos que sejam esquecidos, tampouco nos cansamos de agradecê-los. É por isso que nos reunimos em comunidade para celebrar a Eucaristia!

E por falar em agradecer, você sabe o que significa a palavra Eucaristia? Ação de graças! Celebrar a Eucaristia é fazer uma ação de graças ao nosso Deus, que nos ama como filhos; e fazemos isso com Jesus, que está no meio de nós. Temos ou não motivos muito especiais para celebrar?

3. Que motivos você e sua comunidade têm para celebrar a Eucaristia?

_____
_____
_____
_____

Missa é como chamamos a celebração da Eucaristia. Alguém vai a uma festa só para assisti-la? Claro que não! Por isso **participamos** da missa, porque ela é a grande festa do encontro com Jesus e com todas as pessoas da comunidade.

> Jesus disse: "Desejei ardentemente comer com vocês esta Ceia Pascal" (cf. Lc 22,15).

4. Converse, pense e responda: Jesus diz essas mesmas palavras hoje? Para quem?

_____
_____
_____
_____
_____
_____
_____

5. Complete a frase de acordo com o que você e seu grupo conversaram:

Jesus diz essas mesmas palavras _____
e insiste em nos _____ para
estarmos com _____ e celebrarmos com os
_____.

O altar é como a mesa de uma refeição. Reunidos à sua volta, formamos uma verdadeira comunidade, ou seja, uma família que se compromete a praticar os gestos de amor e as palavras de acolhida de Jesus no meio do povo.

6. Desenhe o altar da sua comunidade, tal como você o vê nas celebrações.

O ALTAR DA MINHA COMUNIDADE

CRESCER NO COMPROMISSO

Você, daqui a algum tempo, irá participar da Ceia Eucarística, celebrando com sua comunidade. Partilhar Jesus presente na Eucaristia é assumir um compromisso. Quem recebe a Eucaristia não pode ficar indiferente às situações de injustiça ou violência.

✱ Ouça o catequista e converse com seus pais e amigos para procurar descobrir uma situação que vê à sua volta e que incomoda você.

✶ Seu compromisso para esta semana será pensar sobre o que você pode fazer para tentar mudar essa situação. A sua ideia será partilhada em seu grupo de catequese e juntos irão ter ações concretas.

Sugestão: registre neste espaço a situação que você quer transformar e suas ideias para fazer isso.

CRESCER NA ORAÇÃO

Os salmos são a oração do povo de Deus, desde muito antes da encarnação de Jesus.

Vamos juntos rezar com o salmista (Sl 100(99),1-2.4-5):

Todos: *Aclamai o Senhor, ó terra inteira.*
- Aclamai o Senhor, ó terra inteira, servi ao Senhor com alegria, ide a Ele cantando jubilosos.

Todos: *Aclamai o Senhor, ó terra inteira.*
- Entrai por suas portas com hinos de graças, pelos seus átrios com cantos de louvor, louvai-o, bendizei seu nome.

Todos: *Aclamai o Senhor, ó terra inteira.*
- Sim, é bom o Senhor e nosso Deus, sua bondade dura para sempre, seu amor é fiel eternamente!

Todos: *Aclamai o Senhor, ó terra inteira.*

15 VAMOS CUIDAR DA VIDA

Uma verdadeira comunidade de discípulos é aquela que procura imitar Jesus. Para os membros dessa comunidade, a missa é vivida no dia a dia levando vida aos irmãos.

CRESCER COM A PALAVRA

Hoje, quando olha para o mundo ao seu redor, o que você vê?

Quando olhava para o mundo à sua volta, Jesus via muitas coisas bonitas, mas também outras que o entristeciam. Partilhe com seu grupo as situações que Jesus viu e que o deixavam triste.

O que Jesus nos diz sobre as situações que Ele via? Vamos descobrir lendo o texto bíblico: Mt 25,31-40.

Em muitas ocasiões, Jesus foi bem claro com palavras e atitudes para nos mostrar o que é realmente importante: o amor ao próximo.

O que queremos para aqueles que amamos?

Se entendemos que Jesus nos pede para amarmos nossos irmãos, a melhor demonstração de que somos discípulos d'Ele é procurar fazer com que todos tenham uma vida boa, tal como Ele fez.

Todas as vezes que uma pessoa não pode viver dignamente, o projeto de vida que Jesus nos apresentou é deixado de lado. Essas são situações de morte, tal como acontece quando uma árvore fica seca por falta de água, adubo, cuidados.

O QUE SABEMOS SOBRE A CELEBRAÇÃO EUCARÍSTICA?

A missa não é uma celebração avulsa aos domingos ou em dias da semana! Ela é o ponto de partida para darmos testemunho de Jesus no mundo. Se nos unimos a Ele na celebração, devemos também nos unir aos irmãos para procurar fazer com que cada pessoa tenha vida em abundância, como Jesus quer.

A comunidade inteira, e cada pessoa individualmente, é chamada a levar a missa para a vida, isto é, a tornar Jesus conhecido e amado por todos, fazendo com que as pessoas vivam e se amem como verdadeiras irmãs.

1. Pense e partilhe: Como podemos levar a missa para a vida com nossas mãos, nossos pés e nossa boca?

Somos as mãos de Jesus quando _____

_____

_____

Somos os pés de Jesus quando _____

_____

_____

Somos a boca de Jesus quando _____

_____

_____

CRESCER NO COMPROMISSO

Jesus quer que cada pessoa faça sua parte para tornar o mundo mais parecido com aquele desejado por Deus.

✶ Que situação você gostaria de ver transformada? Partilhe com seu grupo qual é essa situação e o que você pensa que é possível fazer para transformá-la.

✶ Ouça seus colegas e, todos juntos, com a ajuda do catequista, irão escolher uma situação que poderá ser transformada com as ações do grupo.

✶ Considerando que Jesus nos ensinou que juntos temos mais força e conseguimos fazer mais, como podemos trazer nossa comunidade para nos ajudar? Escolha com seu grupo como chamar a atenção da comunidade e mãos à obra! Jesus agradece e está ao nosso lado!

CRESCER NA ORAÇÃO

Senhor, fazei de mim um instrumento da vossa paz.
Onde houver ódio, que eu leve o amor. Onde houver ofensa, que eu leve o perdão.
Onde houver discórdia, que eu leve a união. Onde houver dúvidas, que eu leve a fé.
Onde houver erro, que eu leve a verdade.
Onde houver desespero, que eu leve a esperança.
Onde houver tristeza, que eu leve a alegria. Onde houver trevas, que eu leve a luz.
Ó Mestre, fazei que eu procure mais: consolar, que ser consolado; compreender, que ser compreendido; amar, que ser amado.
Pois é dando que se recebe. É perdoando que se é perdoado.
E é morrendo que se vive para a vida eterna.

REZEMOS A UMA SÓ VOZ! 16

Os discípulos aprenderam a rezar com Jesus. Reunidos na oração, eles fortaleciam suas vidas e sua comunidade de fé.

CRESCER COM A PALAVRA

> *Um ditado popular diz: "A união faz a força". Você concorda com essa afirmação?*

Na Bíblia encontramos exemplos que mostram como é importante a união para que o Reino de Deus cresça sempre mais em toda a Terra. Alguns são sobre ações concretas que se fizeram reais com a união do povo, e outros sobre a força da fé do povo reunido.

Os primeiros cristãos sempre rezavam, sozinhos ou com a comunidade (cf. At 2,42). Eles aprenderam esse costume de rezar com Jesus, que ensinou como deveria ser a nossa oração.

Vamos ler juntos o que Ele disse sobre como devemos rezar: Mt 6,7s.

Deus não se cansa de nos chamar para uma boa conversa, e a oração é a nossa conversa com Deus, nosso grande amigo. E como é uma

SABE QUANDO VOCÊ QUER CONVERSAR COM UM AMIGO E DESCOBRE QUE ELE TAMBÉM QUER MUITO FALAR COM VOCÊ? ISSO VIRA UMA CONVERSA MUITO BOA, NÃO É? E QUANDO DEUS É ESSE AMIGO?

conversa entre amigos, não dizemos apenas frases que decoramos, e sim o que está no nosso coração. Deus gosta que seja assim, porque gosta de ouvir nossas dúvidas, sonhos, alegrias, tristezas, pedidos; é desse jeito que ficamos cada vez mais próximos d'Ele.

Deus também gosta muito de quando a comunidade toda se reúne para conversar com Ele, como uma só voz.

1. Como é a sua comunidade rezando unida? Mostre, com desenhos, símbolos ou palavras, momentos de oração da sua comunidade.

Quando todos nos unimos em oração, Deus se alegra e ouve de maneira muito especial o que dizemos. A missa é a mais perfeita oração da comunidade; nela acolhemos a Palavra de Deus e olhamos para nossa relação com Ele, com os irmãos e com o mundo. A oração comunitária é uma parte importante na vida da Igreja porque, quando rezamos juntos, nós nos unimos e nos tornamos mais fortes para continuar a obra de Jesus no mundo.

CRESCER NA ORAÇÃO

A oração é uma luz que brilha em nosso caminho e nos aproxima de Deus. O refrão do Sl 136(135) fala sobre a bondade de Deus.

> *O que você oferece a Deus, que é bom, é misericordioso, é amor?*

No papel que você irá receber, escreva o que quer oferecer a Deus. Depois, seguindo as orientações do catequista, participe desse momento orante nessa sua pequena comunidade que é seu grupo de catequese.

Para concluir esse momento de oração com seu grupo de catequese, rezem juntos:

Senhor, nosso Deus, somos pequenos, não sabemos direito como rezar e apresentar o que trazemos no coração. Recebe, Senhor, aquilo que aqui te oferecemos: é do nosso coração! Como pequena comunidade que quer seguir o caminho de teu Filho Jesus, nós agradecemos tudo o que recebemos de tuas mãos e pedimos que nunca se apague a luz que nos faz ficar perto de ti. Amém.

CRESCER NO COMPROMISSO

Agora que sabemos como é bom e importante conversar com Deus pela oração, vamos formar o grupo "Amigos na oração"?

Seu compromisso será rezar todos os dias por um amigo do grupo.

Os "Amigos na oração" irão espalhar aos familiares e conhecidos a importância da oração e da participação nas orações da comunidade.

★ Em casa, com sua família, pequena comunidade doméstica, mostre que entendeu como Deus gosta de nos ouvir em oração: convide para rezarem todos juntos o terço, uma oração antes de dormir ou ao saírem de casa. Sempre é hora de falar com Deus!

17 VAMOS ANUNCIAR O EVANGELHO!

Quem conhece o amor de Cristo quer que Ele seja amado por todos. Por isso a comunidade que entende a mensagem de Jesus se torna anunciadora do Evangelho e missionária no mundo.

CRESCER COM A PALAVRA

Jesus falava sobre o Reino de Deus e preparou seus discípulos para que levassem sua mensagem ao mundo.

1. Vamos recordar algumas ações que Jesus ensinou sobre o Reino de Deus? Escreva as ações das quais você e seus colegas se lembram.

Vendo o jeito como Jesus agia e o que Ele dizia, os discípulos entenderam que o Reino de Deus só pode existir com união, testemunho, palavras e ações concretas. Eles imitavam as atitudes, os gestos e as palavras do Mestre.

Algum tempo depois, comunidades inteiras se preocupavam com as pessoas que ainda não tinham ouvido falar sobre Jesus e sua proposta de vida. Assim surgiram as viagens que formaram novas comunidades em outros lugares e ajudaram a fazer crescer o número de novos discípulos de Jesus.

📕 Vamos ler um texto sobre como o Evangelho de Jesus Cristo chegou à cidade da Antioquia: At 11,19-26.

O texto nos diz que foi na Antioquia que os discípulos de Jesus foram chamados de cristãos pela primeira vez.

2. Na sua opinião, por que os discípulos foram chamados de cristãos? Ouça o catequista e escreva junto à ilustração o que você pensa.

A Bíblia conta como o Evangelho era anunciado nos primeiros tempos da Igreja. Muitas pessoas e comunidades assumiram a missão de falar aos homens sobre Jesus Cristo e o que Ele fez.

Essas pessoas compreenderam a mensagem que Jesus deixou antes de voltar aos Céus; hoje, Jesus poderia dizer: "Agora é com vocês!". As pessoas tinham coragem e alegria para assumir sua missão quando se lembravam da promessa de Jesus: "Estarei com vocês até o fim dos tempos" (cf. Mt 28,20).

Também hoje os discípulos de Jesus, unidos e cheios de fé, formam uma comunidade forte, disposta a assumir a missão de Jesus; uma missão de amor. E assim Jesus continua presente no mundo.

3. Com um desenho e um pequeno texto, conte uma história mostrando como uma comunidade pode ser missionária e levar as palavras de Jesus ao mundo hoje.

a. Quem você conhece na comunidade que cumpre sua missão, testemunhando Jesus no mundo e anunciando suas palavras?

_____

b. O que você gostaria de dizer a essa pessoa?

_____
_____
_____

CRESCER NA ORAÇÃO

Vamos celebrar a decisão de seguir Jesus e anunciar seu Evangelho.

O que você quer dizer a Jesus agora sobre ajudar a comunidade a continuar sua missão entre as pessoas? Em silêncio, converse com Ele.

Rezemos juntos:

> *Senhor Jesus, teus pés te levaram por muitos caminhos, espalhando o bem e distribuindo amor. Queremos que nossos pés imitem os teus. Nós agradecemos a nossa vida e a vida de cada pessoa da nossa comunidade; e pedimos tua ajuda para anunciarmos teu Evangelho com nossa comunidade, para que o mundo seja melhor. Amém.*

CRESCER NO COMPROMISSO

Jesus queria que todas as pessoas conhecessem o amor que o Pai tem por cada uma. Ele sempre mostrou esse amor e a vontade de Deus para nós. Jesus quer que cada um de nós seja seu imitador. Como? Como na história que você contou!

★ Em casa, converse com seus pais sobre ser missionário de Jesus e conte a história que você escreveu. Vocês poderiam ser personagens dessa sua história? Que tal descobrir uma maneira de colaborar com a comunidade e anunciar Jesus?

18 ENCONTRO CELEBRATIVO
SOMOS PEDRAS VIVAS

ACOLHIDA

Catequista: Queridos catequizandos, que bom estarmos todos juntos reunidos para celebrarmos nosso Deus! Façamos sobre nós o sinal da cruz, sinal que nos identifica como filhos de Deus Pai, irmãos de Jesus Cristo, animados pelo Espírito Santo: Em nome do Pai e do Filho e do Espírito Santo.

Todos: Amém.

Canto

Catequista: Jesus chamou várias pessoas para caminharem ao seu lado, formando um pequeno grupo de seguidores. Esta é a sua Igreja, comunidade de pessoas unidas a Jesus e unidas entre si.

Todos: Jesus continua chamando pessoas de todos os lugares, em todos os tempos.

Catequizando 1: Jesus nos chama para caminharmos com Ele, porque só Ele é o Caminho que nos leva a Deus.

Catequizando 2: Jesus nos chama também porque quer que façamos parte da sua Igreja. Ela é nossa casa, onde encontramos os irmãos que amam Jesus como nós amamos.

PROCLAMAÇÃO DA PALAVRA

Catequista: Vamos ouvir o que diz São Pedro sobre a nossa presença na Igreja em sua primeira carta: 1Pd 2,4-9.

Canto de aclamação

REFLEXÃO SOBRE A PALAVRA

Catequista: Jesus Cristo é a pedra angular, a pedra central da construção. Com ela, nós, seus discípulos, nos tornamos pedras vivas. Jesus constrói com cada pessoa uma Igreja viva, capaz de oferecer ao mundo tudo o que Ele ensinou e fazer tudo o que Ele pediu. Nós somos chamados a formar um edifício espiritual; não é uma construção feita de pedras comuns, mas de pedras vivas. Todos nós, batizados, somos essas pedras vivas. Ninguém é inútil, ninguém é anônimo; todos formam a Igreja, e ninguém é mais importante, porque todos são iguais aos olhos de Deus. Mas somos tantos e tão diferentes! Como podemos construir uma casa forte e bonita? É o Espírito Santo que faz com que todas as diferenças sejam unidas para construir a casa espiritual. Para essa construção, oferecemos a nós mesmos e toda a nossa vida.

Todos: *Jesus, eu agradeço todas as pedras vivas que colocaste no meu caminho da fé, todas as pessoas que me ajudam a ser também uma pedra viva nessa casa espiritual. Quero estar ao teu lado para fazer mais forte e mais viva a tua Igreja, minha casa, casa de irmãos!*

Catequista: Entrego a você uma pedra para que a leve e, quando olhar para ela, possa se lembrar de que foi escolhido por Jesus para ser pedra viva ao lado d'Ele!

BÊNÇÃO FINAL

Catequista: Que o Senhor nos dê a sua graça e a sua força para sermos profundamente unidos a Jesus, pedra que sustenta nossa vida e toda a vida da Igreja. Vamos em paz, e que o Senhor nos abençoe: Em nome do Pai, e do Filho e do Espírito Santo.

Todos: Amém.

Canto

SACRAMENTOS DA INICIAÇÃO CRISTÃ

19 Batismo, marca de Deus

20 Confirmação, marca do Espírito Santo

21 Eucaristia, marca da união com Jesus

Celebrações

Batismo, mergulho na vida nova em Cristo

Eucaristia, pão que nos une a Cristo e aos irmãos

Jesus, eu te adoro! – Vigília Eucarística com catequizandos e famílias

Queridos catequizandos,

Muito tempo já se passou desde que vocês começaram a participar da catequese. Vocês se lembram de como foi o primeiro encontro? Como se sentiram ao conhecerem este nosso grupo?

Catequese é um tempo para conhecermos melhor o que Deus fez e faz por cada um de nós, e quem nos ensina isso é o melhor catequista de todos os tempos e de todos os lugares: Jesus, o Filho de Deus! Em cada encontro da catequese, Jesus mostrou o caminho seguro para sermos seus amigos queridos, seguindo o que Ele ensinou.

Em nossa vida de fé, como seguidores de Jesus, temos alguns momentos muito especiais. São momentos que marcam nosso caminho e mostram o quanto estamos crescendo em nossa vida cristã. Os sacramentos são alguns desses momentos. Quando celebramos um sacramento, dizemos que entendemos um pouco mais aquilo que Jesus pede a cada um de nós. Convido vocês para conhecerem mais sobre os sacramentos da Iniciação Cristã – Batismo, Confirmação e Eucaristia – e para celebrarmos com muita alegria e amor, reunidos com nossas famílias e nossa grande família de fé, nossa comunidade.

BATISMO, MARCA DE DEUS

19

Vamos recordar o que sabemos sobre os sacramentos?

O Batismo é o primeiro sacramento que celebramos, a porta de entrada em nossa vida cristã. Hoje nos reunimos para conhecê-lo melhor e, assim, vivermos com alegria nossa vida cristã.

Deus ama cada pessoa e quer que todos estejam perto d'Ele, unidos a seu Filho Jesus. Por isso Ele nos chama para fazermos parte da sua família.

Você já pensou sobre isso? E como se sente sabendo que Deus quer você ao lado de Jesus?

Quando esteve neste mundo, Jesus agiu como um irmão mais velho: Ele mostrou o amor de Deus por nós e ensinou um caminho novo para seguirmos quando aceitamos esse amor. Jesus também deu sinais que nos ajudam a continuar neste caminho: os sacramentos. Cada sacramento é um sinal que Jesus deixou para seguirmos com alegria e coragem nossa caminhada cristã.

CRESCER COM A PALAVRA

Certa noite, um homem chamado Nicodemos, um judeu piedoso, foi conversar com Jesus. E Jesus falou sobre nascer do alto.

Vamos ler juntos a conversa entre Nicodemos e Jesus: Jo 3,1-8.

Jesus usa algumas expressões para falar sobre o sentido do Batismo: *nascer de novo, nascer da água e do Espírito, nascer do alto, soprar do vento*. O que Jesus quer dizer?

Nascer
de novo é nascer para uma vida nova, é viver no Espírito de Jesus e se afastar de todo o mal. Jesus disse que a vida nova é condição para entrar no Reino de Deus.

da água é ser purificado e liberto para não recusar o amor de Deus.

do Espírito é nascer da força de Deus, pois o Espírito é a força invisível que nos faz viver a vida nova.

do alto é nascer de Deus, ser seu filho. É começar a viver à maneira de Jesus, deixando de lado nossas próprias vontades.

Soprar do vento indica que aqueles que nasceram do Espírito nunca estão sozinhos, porque o Espírito está ao seu lado e os ajuda a viver como Jesus.

Entrar no Reino de Deus é passar a ser cidadão desse Reino.

Nicodemos perguntou a Jesus "Como pode isso acontecer?". Também nós, muitas vezes, temos dúvidas e ficamos pensando sobre como algumas coisas acontecem enquanto outras não. Assim como explicou a Nicodemos, Jesus também procura nos fazer entender os acontecimentos da vida, e muitas vezes Ele usa uma pessoa próxima de nós para isso. Jesus sabe o que é melhor para nós!

> [?] Quem melhor ensina a você as palavras de Jesus? Por quê?

A água é um presente de Deus para nós.

Jesus fala *nascer da água* porque ela é símbolo de vida (chuva, fontes, rios e mares), de purificação (lavar, limpar) e, também, de morte (enchentes, afogamento).

A palavra Batismo, de origem grega, significa *mergulhar*. O "mergulho" na água simboliza a morte do batizando na morte de Cristo; pelo Batismo, morremos para o pecado, para tudo o que nos afasta de Deus. E assim como quem mergulha volta à superfície, o Batismo também nos faz "voltar" na Ressurreição de Jesus como filhos de Deus Pai, irmãos de Jesus, novas criaturas.

O novo nascimento do qual Jesus fala a Nicodemos é o Batismo. Esse é o primeiro sacramento que celebramos, e com ele começa o diálogo de amor de Deus conosco. Em cada pessoa que é batizada, Deus vê seu Filho Jesus, e, como no Batismo de Jesus, diz: "Você é minha filha muito amada, você é meu filho muito amado".

> Deus me pergunta se aceito ser seu filho amado? Qual é a minha resposta?

Em cada celebração do Batismo, são repetidas as palavras de Jesus: **"Eu te batizo em nome do Pai e do Filho e do Espírito Santo"**.

O Batismo é celebrado em nome da Santíssima Trindade.

❓ O que significa ser batizado em minha vida diária?

Sou marcado definitivamente com o selo de Deus. Por isso o Batismo é celebrado uma única vez: sou de Deus para sempre!	Entendo que sou filho de Deus e que todos os homens e mulheres são meus irmãos.
Vejo o mundo como a casa de todos os filhos de Deus e me comprometo com Ele.	Vejo a comunidade-Igreja como minha segunda família e me comprometo com ela.
	Procuro viver à maneira de Jesus e amar todas as pessoas.
	Dou testemunho de vida servindo aos irmãos.

ASSINALAÇÃO DA FRONTE E DOS SENTIDOS

Catequista: Jesus chamou cada um de vocês para serem seus amigos e discípulos. Ele quer que sejam perseverantes na caminhada de fé. Vocês serão marcados com o sinal da cruz de Cristo, que é o sinal dos cristãos. Para quem ainda não é batizado, esse sinal irá lembrar o amor de Jesus; para os que já foram batizados, o gesto irá recordar a marca permanente do cristão recebida no Batismo.

Cada um será assinalado com o sinal da cruz na fronte, nos ouvidos, nos olhos, na boca e no peito. Em silêncio, acolha esse sinal do amor de Deus em sua vida.

- Receba na **fronte** o sinal da cruz para que o Senhor os proteja com seu amor.
- Receba nos **ouvidos** o sinal da cruz para ouvir a voz do Senhor.
- Receba nos **olhos** o sinal da cruz para ver a Deus.
- Receba na **boca** o sinal da cruz para responder ao Senhor e anunciar sua Palavra.
- Receba no **peito** o sinal da cruz para que Cristo habite em seu coração.

Catequista: *Deus, nosso Pai, olhai para estes catequizandos que estão sendo formados segundo o Evangelho de seu Filho Jesus. Fazei com que eles vos conheçam, amem e procurem sempre estar ao vosso lado. Ajudai-os a praticar o bem e fortalecei-os nessa caminhada da Iniciação. Em nome do Pai e do Filho e do Espírito Santo. Amém.*

CONFIRMAÇÃO, MARCA DO ESPÍRITO SANTO

20

Jesus, antes de voltar para a casa do Pai, deixou aos seus discípulos a missão de anunciarem suas palavras às pessoas de todos os lugares da Terra. Ele sabia que não seria uma tarefa fácil e prometeu aos discípulos que não ficariam abandonados – Jesus e o Pai enviariam uma ajuda para que cumprissem a missão recebida. E como Ele prometeu, aconteceu.

CRESCER COM A PALAVRA

Ouça como os discípulos receberam a ajuda prometida por Jesus: At 2,1-8.

Em toda a Bíblia, os autores usam acontecimentos da natureza para indicar que Deus se manifesta.

Para descrever a vinda do Espírito Santo, o autor do texto lido fala em vento e fogo. Vamos entender o que significam.

VENTO FORTE

Vento que tira as coisas do lugar. No texto, esse vento é o Espírito Santo que vem tirar os discípulos do medo e fazer com que saiam para anunciar Jesus.

LÍNGUAS DE FOGO

O fogo queima, marca e transforma. O fogo sobre a cabeça dos discípulos significa que foram marcados. Sua linguagem foi transformada, e eles se tornaram capazes de se comunicar e ser entendidos pelas pessoas de todos os lugares do mundo.

Em Pentecostes, a promessa de Jesus se cumpriu: o mesmo Espírito que esteve com Ele em toda a sua vida terrena, e que o fazia mostrar o amor do Pai por toda a humanidade, foi derramado sobre os discípulos, que se tornaram testemunhas corajosas de tudo o que tinham aprendido e vivido com Jesus. Desde então, sempre que uma comunidade se reúne para celebrar o sacramento da Confirmação, ela recorda e atualiza, isto é, faz acontecer novamente, a vinda do Espírito Santo sobre os discípulos em Pentecostes.

Os discípulos dos nossos dias somos nós. A celebração da Confirmação faz acontecer a promessa de Jesus em cada pessoa, que é chamada para tornar-se missionária e levar o nome de Jesus a todos. Por onde começar? Na família, com os amigos, na escola, na comunidade, ou seja, com aqueles que estão mais perto de nós.

Parece difícil, chega a dar medo, mas você se lembra de que até mesmo aqueles que tinham caminhado com Jesus sentiram medo e o abandonaram quando Ele foi preso? Só que quando receberam o Espírito Santo, a vida deles mudou! Nós celebramos a Confirmação para termos força ao enfrentar desafios e realizar nossa missão como cristãos de verdade!

Sabe o que é muito importante e não podemos esquecer? Para realizar essa missão recebemos muita ajuda!

"Eu pedirei ao Pai e Ele vos dará um outro Defensor, que ficará para sempre convosco." (Jo 14,16)

No texto bíblico que lemos, os discípulos falam e são compreendidos por pessoas de vários lugares. É o que acontece depois da Confirmação: o Espírito ensina a falar a linguagem do amor, que é compreendida por todos, em todos os lugares. Assim o crismado pode mostrar às pessoas que é possível viver como verdadeiros irmãos, respeitando e amando uns aos outros, ajudando a transformar o mundo.

O sacramento da Confirmação é, também, conhecido como sacramento da Crisma. As duas expressões se complementam para nos fazer compreender melhor o sentido desse sacramento.

Confirmar tem o sentido de **tornar firme**. Ser confirmado é assumir com firmeza, com a força do Espírito Santo, os compromissos do Batismo. O sacramento da Confirmação nos torna mais firmes na fé.

Crismar tem o sentido de **ungir**. Cristão quer dizer **ungido**, isto é, aquele que pertence a Cristo, tocado pelo seu Espírito. O gesto de ungir com óleo perfumado, que acontece na celebração do sacramento da Confirmação, significa marcar o crismado com a marca do Espírito Santo.

NÃO ESTAMOS SOZINHOS!

Catequista: Coloquem as mãos sobre os ombros de quem está ao seu lado. Com os olhos fechados ou a cabeça abaixada, em silêncio, sintam a energia do outro pelas mãos que tocam os seus ombros; transmitam também essa força a quem vocês estão tocando. Esse gesto nos lembra de que não estamos sozinhos; muitas pessoas estão ao nosso lado, torcem por nós e sempre poderemos contar com elas. Quando se sentirem desanimados, vocês poderão se lembrar desse gesto. Em cada pessoa que nos ama, nos acompanha e nos apoia, sempre poderão sentir a força do Espírito Santo que Jesus nos envia porque nos ama.

GESTO DA UNÇÃO DAS MÃOS

O gesto de ungir com óleo é muito antigo; sempre que uma pessoa recebia uma missão importante, ela era ungida. No sacramento da Confirmação, o crismando é ungido para realizar a missão de testemunhar Jesus no mundo. Ser ungido é ser "cristo".

Você agora será ungido nas mãos, como sinal da vontade de ser crismado.

Todos: *Espírito Santo de Deus, ajuda-me a conhecer sempre mais Jesus, seu Evangelho e tudo o que nos ensina a nossa Igreja. Dá-me força e coragem para que eu anuncie Jesus ao mundo. Vem, Espírito Santo!*

EUCARISTIA, MARCA DA UNIÃO COM JESUS

21

Quem ouvia as histórias que Jesus contava ficava surpreso com seus ensinamentos e a maneira como Ele falava; suas frases deixavam as pessoas curiosas. Por exemplo, Jesus disse: "Eu sou o pão da vida" (cf. Jo 6,48). Como entender isso?

Jesus gostava de fazer as refeições com os discípulos e com o povo, mesmo os pecadores. Era assim que Jesus demonstrava que o amor de Deus é para todos, porque Ele e o Pai não querem deixar ninguém fora desse amor.

De todas as refeições das quais Jesus participou, uma foi muito marcante: a Santa Ceia, último momento de Jesus com os seus discípulos antes da sua morte e ressurreição.

CRESCER COM A PALAVRA

Ouça como aconteceu a Última Ceia: Lc 22,14-20.

Era a época da Páscoa judaica. Jesus combinou a ceia com os seus discípulos como era a tradição. E nessa ceia, Ele se apresentou como alimento que dá vida.

Jesus gostava de usar comparações ou costumes bem comuns para que as pessoas pensassem sobre o que Ele dizia e tivessem suas vidas transformadas. O pão e o vinho eram alimentos rotineiros na mesa dos judeus, pobres e ricos; Jesus quis ser o Jesus de todos os homens e de todos os momentos, por isso escolheu sinais tão humildes.

❓ Vamos entender as palavras de Jesus nessa refeição?

Na Bíblia, corpo não envolve apenas músculos, ossos, tecidos; corpo é toda a pessoa, com seus sentimentos, sua inteligência, sua vontade. Sangue não é somente o líquido que corre em nossas veias, mas significa vida; derramar o sangue é tirar a vida.

"Isto é o meu corpo... Isto é o meu sangue..." significam o próprio Jesus. Quando Jesus disse essas palavras, estava dizendo: "Isto sou eu, com minha vida, que dei a vocês e por vocês a cada instante da minha existência humana". Ao nos dar seu corpo e seu sangue, Jesus deu sua vida a todas as pessoas que queriam recebê-lo.

Com o gesto de abençoar e partilhar o pão e o vinho, e com suas palavras "Isto é o meu corpo... Isto é o meu sangue...", Jesus nos deixou o **sacramento da Eucaristia**, uma maneira muito especial de permanecer conosco. Receber a Eucaristia é ter um encontro muito especial com Jesus!

A palavra Eucaristia significa **ação de graças**, isto é, um agradecimento. Celebrar a Eucaristia é a melhor maneira de agradecer a Deus por ter enviado seu Filho Jesus, que trouxe para a humanidade toda uma experiência de amor.

Na Última Ceia, Jesus disse também aos seus discípulos: "Fazei isto em minha memória". Com essas palavras, Ele pediu para sempre celebrarmos a Eucaristia fazendo memória da sua entrega por nós, em todos os lugares e em todos os tempos.

Quando nos reunimos em comunidade e celebramos a Eucaristia, o pão e o vinho são apresentados pelo sacerdote, que repete as palavras que Jesus disse na Última Ceia: "Isto é o meu corpo, que será entregue por vós... Este é o cálice do meu sangue, derramado por vós...". Pela ação do Espírito Santo, então, pão e vinho são agora Corpo e Sangue de Cristo. O próprio Cristo está presente de modo verdadeiro com o seu corpo e o seu sangue. Quando repetimos os gestos e as palavras de Jesus, estamos revivendo o grande acontecimento da nossa história: Jesus dá sua vida por toda a humanidade.

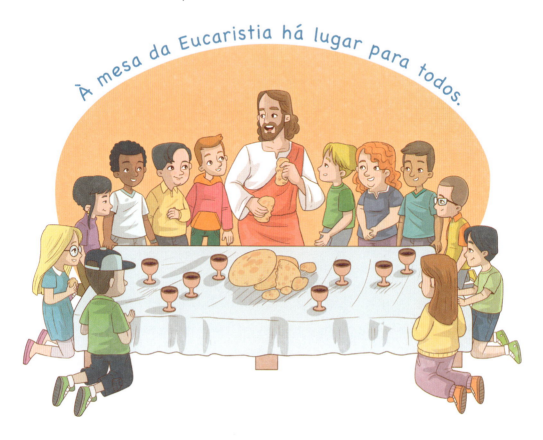

À mesa da Eucaristia há lugar para todos.

Participar do sacramento da Eucaristia nos faz mais parecidos com Cristo. Quanto mais participamos, mais nos tornamos parecidos e capazes de testemunhar Jesus com nossa vida em casa, na escola, com os amigos e até mesmo com aqueles que não conhecemos, demonstrando amor como Ele fez. Quem aceita ser discípulo de Jesus ouve as suas palavras na Última Ceia – "Fazei isto..." – e reparte o que sabe e o que tem com os outros, doando sua vida pelos irmãos como Ele!

[?] **Que maneiras você conhece de "dar a vida" pelos outros?**

ESTAMOS UNIDOS EM TORNO DA MESA

São Paulo disse que o pão que partimos é o Corpo de Cristo; como é um só pão, todos nós comemos do mesmo pão e formamos um só corpo (1Cor 10,16s).

Reunidos em torno dessa mesa iremos partilhar o pão, recordando que o Corpo de Cristo cria em nós uma união. De mãos dadas, rezemos: *Pai nosso, que estais nos céus...*

BATISMO, MERGULHO NA VIDA NOVA EM CRISTO

CELEBRAÇÃO

ACOLHIDA

Catequista: Queridos pais e padrinhos, queridos catequizandos, recebemos vocês com muita alegria! Estamos reunidos para compreender melhor o sacramento do Batismo. Comecemos abrindo nosso coração para Jesus e traçando sobre nós o sinal dos cristãos: *Em nome do Pai e do Filho e do Espírito Santo. Amém.* Que a graça do nosso Senhor Jesus Cristo, o amor de Deus e a comunhão do Espírito Santo estejam com todos vocês.

Quando nascemos, precisamos de tudo para crescer fisicamente, psicologicamente, espiritualmente. Para isso, contamos com a ajuda de quem já passou por isso. Nossos pais se preocupam em garantir a melhor vida possível para nós e, em nossa família, recebemos alimento, amor e estímulo para nos tornarmos adultos responsáveis. O grupo da catequese também nos ajuda a crescer e nos tornar adultos na fé.

Catequizando 1: O Batismo é a marca do nascimento para a vida em Cristo na comunidade, para a vida como Ele viveu e agiu.

Catequizando 2: Quando celebramos o sacramento do Batismo, começamos uma união duradoura com Deus.

Catequista: Conhecer o rito do Batismo, isto é, saber como acontece a celebração do Batismo, é importante porque nos ajuda a entender o significado desse sacramento.

Catequizando 1: No início da celebração, os que serão batizados são acolhidos pela comunidade-Igreja, que será uma nova casa para eles ao longo das suas vidas.

Catequista: Somos uma família que gosta de acolher a todos. Vamos nos dar as mãos e, olhando para quem está ao nosso lado, dizer: *Eu acolho você como meu irmão em Cristo!*

Catequizando 2: Na criação do mundo, Deus logo deu nome às suas criaturas; a primeira missão de Adão foi dar nome aos animais. Os pais, ao darem um nome para o filho, estão dando a missão de seguir Jesus e de continuar sua obra.

Catequizando 3: Todos os batizados formam uma única família, a família de Deus, e têm a mesma tarefa de seguir Jesus.

Catequista: Deus conhece cada um pelo nome, e cada pessoa é única e importante porque recebeu uma tarefa que pertence somente a ela no mundo e na Igreja. Convido cada um a dizer em voz alta seu nome e, enquanto escuta os nomes dos outros, pensar: "Cada pessoa humana merece respeito".

Todos: Que cada pessoa sempre dê valor ao seu nome.

Catequizando 4: Quem vai ser batizado é marcado com o sinal da cruz, marca do cristão. Por isso começamos este encontro traçando sobre nós o sinal da cruz, que nos recorda o amor imenso de Deus por nós.

Catequizando 1: A Palavra de Deus anuncia sua vontade e seu amor. Na celebração do Batismo, a Proclamação da Palavra e sua explicação falam sobre o sentido do sacramento.

Catequizando 2: Um dos momentos mais bonitos no rito do Batismo é a Ladainha dos Santos, quando pedimos à Igreja do Céu que interceda por aqueles que serão batizados.

Todos: Santos e santas de Deus, rogai por aqueles que receberão o Batismo e por todos nós!

Catequizando 3: Ser ungido é ser marcado e escolhido para uma tarefa importante. Profetas, sacerdotes e reis do povo de Israel eram ungidos com óleo para cumprir a missão de ajudar o povo de Deus. A unção com óleo dos catecúmenos antes do Batismo significa receber a força de Cristo para ajudar o Reino de Deus.

Catequizando 4: Na criação, o Espírito estava sobre as águas de onde surgiu a vida – a água do dilúvio marcou o início de uma vida nova; atravessando as águas do Mar Vermelho, o povo de Deus foi liberto da escravidão do Egito; Jesus foi batizado nas águas do Rio Jordão, e do seu lado, na cruz, foram derramados água e sangue.

Catequizando 1: A água usada no Batismo é abençoada para receber a força do Espírito Santo e a graça de Cristo morto e ressuscitado.

Catequista: *Senhor Deus Pai Todo-Poderoso, fonte de toda a vida, criastes a água para purificar e dar vida. Abençoai esta água, criatura vossa. Concedei que jorrem sobre nós as águas da salvação para nos aproximarmos de vós com o coração puro. Dai-nos firmeza na fé e na vivência do nosso Batismo. Por Cristo, Nosso Senhor. Amém.*

Catequizando 2: Pais, padrinhos e toda a comunidade são chamados a renovar as promessas do seu Batismo, testemunhando sua fé.

Catequizando 3: No Batismo, é derramada a água batismal sobre a cabeça do batizando três vezes. Esse gesto é acompanhado do anúncio do nome da pessoa.

Catequizando 4: As palavras-chave do Batismo são: *Eu te batizo em nome do Pai e do Filho e do Espírito Santo.*

Canto

Catequizando 1: Logo depois do Batismo, a pessoa é ungida com o óleo do Crisma, que significa a marca do Espírito Santo. "Cristo" quer dizer "ungido", e quem é ungido com o óleo é consagrado para permanecer como membro de Cristo.

Catequizando 2: A roupa branca simboliza a veste do Cristo Ressuscitado. A roupa nova, branca, deve mostrar como está nosso coração.

Catequista: Jesus disse: "Eu sou a luz do mundo. Quem me segue não anda nas trevas" (Jo 8,12).

Todos: Jesus também disse: "Vós sois a luz do mundo. Brilhem as vossas boas obras diante dos homens, para que glorifiquem a Deus Pai" (Mt 5,14.16).

Catequizando 3: A vela acesa no Círio Pascal significa a luz de Cristo que foi acesa no coração de quem foi batizado, para que ele seja a luz do mundo, como pediu Jesus.

Catequista: A primeira palavra que o novo batizado diz é "Pai". Que alegria dirigir-se ao Pai recebido no Batismo! Juntos, vamos nos dirigir a nosso Pai dizendo:

Todos: *Pai nosso, que estais nos céus...*

PROCLAMAÇÃO DA PALAVRA

Catequista: Jesus, ao se despedir dos seus discípulos e voltar à casa do Pai, deu uma ordem: eles deveriam realizar sinais que transmitissem a graça do seu amor por todos os homens e mulheres.

Vamos ouvir o que Jesus disse: Mt 28,18-20.

REFLEXÃO SOBRE A PALAVRA

Jesus sempre se dirigia a quem o ouvia como um amigo que fala a outro amigo. O que nosso amigo Jesus nos diz no texto que ouvimos?

Catequista: Jesus deixou para todos nós, especialmente para vocês, queridos pais e padrinhos, orientações muito importantes.

Catequizando 1: Jesus disse: "Ide"; Ele nos envia em missão para fazer com que mais pessoas se tornem seus seguidores.

Catequizando 2: Jesus disse: "Fazei discípulos"; Ele quer que muitas outras pessoas sejam discípulas fiéis.

Catequizando 3: Jesus disse: "Batizai"; Ele quer que todos sejam irmãos, filhos do mesmo Pai.

Catequista: Viver nosso Batismo é dar testemunho pessoal de solidariedade, justiça, misericórdia e perdão. Como gesto simbólico, convidamos os pais a molharem a mão na água perfumada e traçarem o sinal da cruz em suas frontes e nas frontes de seus filhos. Ao fazer esse gesto, com alegria e gratidão, cada um pense no Batismo que recebeu e renove sua vontade de viver plenamente o Batismo recebido.

Catequista: O Senhor nos abençoe e nos guarde.

Todos: Amém.

Catequista: Ele nos mostre a sua face e se compadeça de nós.

Todos: Amém.

Catequista: Volte para nós o seu olhar e nos dê a sua paz.

Todos: Amém.

Catequista: Abençoe-nos, Deus Todo-Poderoso, Pai e Filho e Espírito Santo. Amém.

EUCARISTIA, PÃO QUE NOS UNE A CRISTO E AOS IRMÃOS

CELEBRAÇÃO

ACOLHIDA

Catequista: Em nome do Pai e do Filho e do Espírito Santo. Amém. "Bendito o Deus e Pai de nosso Senhor Jesus Cristo, o qual nos abençoou com todas as bênçãos espirituais nos lugares celestiais em Cristo" (Ef 1,3).

Todos: Bendito seja Deus que nos reuniu no amor de Cristo!

Catequista: Queridos catequizandos, pais e padrinhos, estamos reunidos para celebrar o dom da Eucaristia, dom de si mesmo que Jesus nos deu. Para ser sinal de sua presença entre as pessoas, Jesus escolheu o pão, alimento comum em todo o mundo. Falar sobre pão é, então, falar sobre vida. Vamos recordar algumas situações da nossa vida.

- "O pão de sal nos recorda os milhões de trabalhadores que lutam para conseguir dar uma vida digna às suas famílias.

- O minipão nos faz pensar nos milhares de famílias que não têm o mínimo para sobreviver.

- O pão doce nos recorda os homens e mulheres que são sinal de vida no mundo.

- O pão de milho nos lembra dos trabalhadores do campo, que lutam diariamente para que não falte o pão na mesa de todas as casas.

- O pão duro é sinal das pessoas egoístas e que não dividem nem o que têm, nem o que são.

- O prato sem pão nos recorda as pessoas que não têm comida, passam fome e frio, sem direito à saúde e sem ter onde morar." (Adaptado de: PAIVA, 2008, p. 113-114)

Catequista: Esses pães falam sobre a nossa sociedade. Peçamos perdão a Deus por nossas faltas diante dos irmãos.

Catequizando 1: Por todas as vezes que desperdiçamos alimentos.

Refrão: Senhor, piedade! Cristo, piedade! Senhor, piedade, piedade de nós!

Catequizando 2: Por todas as vezes que não partilhamos o pão com quem precisa.

Catequizando 3: Por todas as vezes que negamos salários justos.

Catequizando 4: Por todas as vezes que não agimos como Jesus.

Catequizando 5: Por todas as vezes que negamos ajuda aos irmãos.

Catequista: Deus perdoe as nossas faltas e nos ajude a compreender que a partilha é um gesto de amor aos irmãos. Amém.

PROCLAMAÇÃO DA PALAVRA

Catequista: Jesus diz que Ele é o pão verdadeiro que alimenta nossa vida.

Vamos ouvir as palavras de Jesus: Jo 6,48-57.

REFLEXÃO SOBRE A PALAVRA

Jesus diz que é o Pão da Vida, o nosso verdadeiro pão. Ele diz que seus ensinamentos, suas atitudes, sua força e seu sofrimento são alimentos para nós.

A Eucaristia é a expressão maior da vida de Jesus. É o alimento para a nossa vida, motivando experiências de amor solidário para superar o egoísmo. Quando nos alimentamos da Eucaristia, somos transformados para ter o olhar de Deus sobre o mundo e ajudar a fazer o banquete da Terra mais parecido ao banquete celeste, junto do Pai, do Filho e do Espírito Santo.

Eucaristia é expressão de toda uma vida partilhada, doada e entregue em função do Reino de Deus. Vida doada para que haja vida em abundância para todos. Receber a Eucaristia é receber alimento para realizarmos nossa missão seguindo os passos de Jesus.

Catequista: Jesus, quando nos ensinou a chamar Deus de "Pai", também nos ensinou a pedir o pão de cada dia; o "pão nosso", e não o "pão meu", palavras de quem entendeu o sentido da Eucaristia que Jesus nos dá. Como irmãos, rezemos juntos: *Pai nosso, que estais nos céus...*

PARTILHA

Canto

Catequista: Alimentados pela Palavra de Jesus, vamos partilhar o pão em sinal de que entendemos o que Ele nos pede.

Que nunca nos falte o pão de cada dia e que partilhemos com alegria com aqueles que mais precisam. Que nunca nos falte, também, a Eucaristia, dom de Jesus.

Mãe: Maria acolheu Jesus em seu ventre e em sua vida; em cada Celebração Eucarística também o acolhemos em nós. Maria deu Jesus ao mundo; nós o recebemos para torná-lo presente para os outros, como Maria. Contemplando o exemplo de nossa mãezinha Maria, queremos nos preparar para acolher Jesus em nossas vidas pelo mistério da Eucaristia. Peçamos sua ajuda: *Ave Maria...*

Catequista: Que Deus, nosso Pai, que nos alimenta com seu amor, esteja sempre conosco. Que Ele nos guarde e nos abençoe: Em nome do Pai e do Filho e do Espírito Santo. Amém. Louvado seja nosso Senhor Jesus Cristo!

Todos: Para sempre seja louvado!

CELEBRAÇÃO

JESUS, EU TE ADORO!
VIGÍLIA EUCARÍSTICA COM CATEQUIZANDOS E FAMÍLIAS

Canto

Catequista: Queridos catequizandos, queridas famílias, é grande a alegria de estarmos juntos! Somos convidados a ficar com Jesus; o próprio Senhor vem ao nosso encontro e se deixa encontrar. Diante d'Ele, vamos nos deixar tocar por sua presença e lhe abrir nosso coração. Estamos aqui para dizer que nós o amamos, que Ele é nosso melhor amigo, nosso Salvador e nosso Senhor. Estamos reunidos em nome do Pai e do Filho e do Espírito Santo. Amém.

EXPOSIÇÃO DO SANTÍSSIMO SACRAMENTO

Canto

Catequista: Graças e louvores se deem a todo o momento! (3x, de joelhos)

Todos: Ao Santíssimo e Diviníssimo Sacramento!

MOMENTO DE SILÊNCIO

Canto

Catequista: Queridos catequizandos, queridos familiares, diante dos nossos olhos da fé está Jesus, vivo e presente na Eucaristia.

Todos: Jesus, nós cremos que tu estás presente na Eucaristia e nós te adoramos.

MOMENTO DE SILÊNCIO

Catequizando 1: Jesus, nós estamos diante de ti para te adorar, agradecer, pedir perdão e orar. Queremos te falar de nós, das nossas famílias e dos nossos amigos, de todas as pessoas que sofrem e especialmente as mais necessitadas.

Catequizando 2: Nós te pedimos, Jesus, por tua Igreja e pelas pessoas em todo o mundo que ainda não te conhecem.

Catequizando 3: Jesus, tu disseste "Amai-vos uns aos outros"; ensina-nos a amar de verdade e a deixar de lado o egoísmo.

Todos: Ensina-nos, Jesus, a pensar nos outros e a amar, como tu fazias, principalmente os que não são amados.

Canto

Catequista: Muitas pessoas não creem em Jesus e deixam o coração d'Ele triste com atitudes e palavras. Vamos dizer juntos:

Todos: Meu Deus, eu creio, adoro, espero e vos amo. Peço-vos perdão pelos que não creem, não adoram, não esperam e não vos amam.

Catequista: Vamos juntos dizer a Deus o quanto queremos ficar perto d'Ele, cantando com o salmista.

Salmo 62(61)

Todos: A minh'alma tem sede de vós, como a terra sedenta, ó meu Deus!

PROCLAMAÇÃO DA PALAVRA

Catequista: Um dia, Jesus estava diante de uma multidão com fome e sem ter o que comer.

Vamos ouvir o que Ele ensinou: Mt 14,15-21.

Fiquemos em silêncio, refletindo sobre a Palavra que ouvimos para guardá-la em nosso coração.

REFLEXÃO SOBRE A PALAVRA

Jesus abençoa os pães como fez na Última Ceia, declarando assim que toda partilha é um ato Eucarístico, um ato que faz visível a presença de Deus.

Partir e distribuir o pão não é mágica. O grande milagre está na partilha. Partilhar é um gesto divino, e nossa vocação de cristãos consiste, na verdade, em sermos pão repartido, unidos a Jesus, para que todos no mundo tenham vida. Do mistério Eucarístico nasce o serviço da caridade para o próximo, que "consiste precisamente no fato de eu amar, em Deus e com Deus, a pessoa que não me agrada ou que nem conheço sequer" (DCE, n. 18). Isso só acontece a partir do encontro íntimo com Deus, que ensina a olhar o outro segundo a perspectiva de Jesus e a reconhecer, em cada pessoa, um irmão pelo qual o Senhor deu a sua vida.

O pão é um alimento que pode ser guardado e se mantém conservado; Jesus quis ficar entre nós sob a espécie de pão para ser conservado no Sacrário e tornar-se presente entre nós. Na adoração, Ele nos convida a nos aproximarmos e conversarmos com Ele, pedindo aquilo de que necessitamos e experimentando a graça do seu amor.

AGRADECIMENTO

Catequista: É muito difícil e muito triste viver quando se tem fome. E não é só o nosso corpo que sente fome, nossa alma também precisa ser alimentada para enfrentarmos as dificuldades da vida e seguirmos vivendo com esperança. Jesus sabe tudo de que precisamos! Ele quis ser o alimento e o companheiro de cada pessoa, e de toda a sua Igreja, no caminho para o Pai. Na Eucaristia, Jesus está vivo no meio de nós, caminha ao nosso lado para nos unir uns aos outros e para nos fazer viver em comunhão em uma única grande família. Por isso agradecemos.

Catequizando 1: Por teu amor tão grande por nós.

Todos: Obrigado, Jesus.

Catequizando 2: Por querer estar sempre ao nosso lado.

Todos: Obrigado, Jesus.

Catequizando 3: Por estar conosco, mesmo quando nos esquecemos de ti.

Todos: Obrigado, Jesus.

Catequizando 4: Por tua vida, entregue por nós.

Todos: Obrigado, Jesus.

Canto

Catequista: Em silêncio, vamos conversar com Jesus dizendo o que trazemos em nosso coração e deixando que Ele fale conosco. Em suas mãos, cheios de confiança, coloquemos nossas necessidades, nossas dúvidas, nossa vida. Neste silêncio, queremos ouvir Jesus.

MOMENTO DE SILÊNCIO

ATO DE LOUVOR

Bendito seja Deus.
Bendito seja seu santo nome.
Bendito seja Jesus Cristo, verdadeiro Deus e verdadeiro homem.
Bendito seja o nome de Jesus.
Bendito seja o seu sacratíssimo coração.
Bendito seja seu preciosíssimo sangue.
Bendito seja Jesus Cristo no Santíssimo Sacramento do Altar.
Bendito seja o Espírito Santo, Paráclito.

Bendita seja a grande mãe de Deus, Maria Santíssima.
Bendita seja a sua gloriosa assunção.
Bendita seja a sua santa e Imaculada Conceição.
Bendito seja o nome de Maria, virgem e mãe.
Bendito seja São José, seu castíssimo esposo.
Bendito seja Deus nos seus anjos e nos seus santos.

Catequizando 1: Diante de ti, Jesus, queremos nos lembrar também de Maria, tua mãe e nossa mãezinha do Céu. Agradecidos por ela ter dito "sim" a Deus para ser a mãe do seu Filho, pedimos:

Todos: Maria, mãe de Jesus e nossa mãe, leva-nos a teu Filho Jesus!

Ave Maria, cheia de graça...
(Recolhimento do Santíssimo Sacramento.)

BÊNÇÃO FINAL

Catequista: Jesus quis sentir a experiência de uma família humana; peçamos a Ele por nossas famílias. Nossa resposta será:

Todos: Guarda, Senhor, a nossa família em teu coração.

Pai: Tu, que consagraste a vida doméstica, vivendo sob a autoridade de Maria e José, santifica nossas famílias com a tua presença.

Mãe: Tu, que foste sempre dedicado aos interesses do Pai, faze que Deus seja sempre adorado e glorificado em todas as famílias.

Pai: Tu, que em Caná da Galileia alegraste uma família com o teu primeiro milagre, convertendo a água em vinho, transforma em alegria os sofrimentos e as preocupações de nossas famílias.

Mãe: Tu, que fizeste da tua família um exemplo de oração, amor e obediência ao Pai celeste, santifica nossas famílias com a tua graça.

Pai: Porque somos realmente filhos de Deus, vamos dizer com confiança a oração que o próprio Jesus nos ensinou:

Todos: *Pai nosso, que estais nos céus...*

Catequista: Nosso Senhor Jesus Cristo, que viveu com a sua família em Nazaré, esteja sempre presente em cada família, defendendo-a de todo o mal e concedendo a graça de sermos um só coração e uma só alma.

Todos: Amém.

Catequista: Louvado seja Nosso Senhor Jesus Cristo!

Todos: Para sempre seja louvado!

Canto

Conecte-se conosco:

 facebook.com/editoravozes

 @editoravozes

 @editora_vozes

 youtube.com/editoravozes

 +55 24 2233-9033

www.vozes.com.br

Conheça nossas lojas:
www.livrariavozes.com.br

Belo Horizonte – Brasília – Campinas – Cuiabá – Curitiba
Fortaleza – Juiz de Fora – Petrópolis – Recife – São Paulo

EDITORA VOZES LTDA.
Rua Frei Luís, 100 – Centro – Cep 25689-900 – Petrópolis, RJ
Tel.: (24) 2233-9000 – E-mail: vendas@vozes.com.br